© 2008 Axel Englert – Originalausgabe

5. Auflage 2016

Herstellung und Verlag:

BoD - Books on Demand, Norderstedt

Umschlaggestaltung:

Bilder: Foto Crissan Collection & Eva-Maria Shire

Cover: BOD GmbH, Norderstedt

ISBN-13: 978-3-8370-6626-5

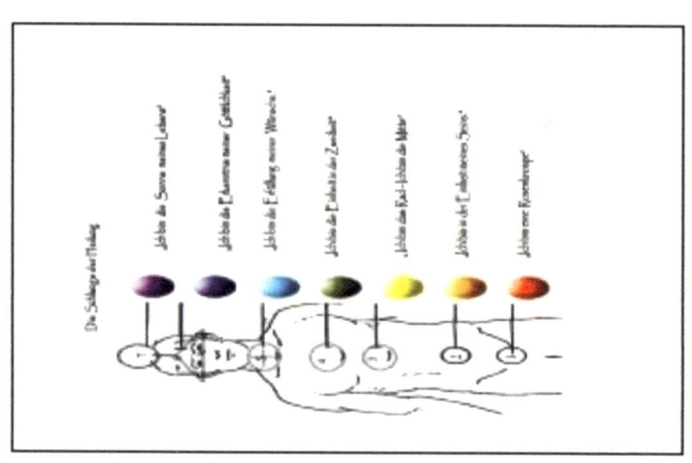

Heilsymbole der Bewusstwerdung
Die sieben Stufen der Einweihung

Die Mantren in der Beziehung zu den Chakren

Die sieben Stufen der Einweihung
Heilsymbole der Bewusstwerdung

Allgemeine Betrachtung

Alle Völker haben von je her immer in einer Welt gelebt, welche die Griechen als "Kosmos" bezeichneten: Eine sinnvoll geordnete Welt, im Gegensatz zum Chaos (jener Welt aus Zufall und Beliebigkeit, in die wir Moderne geworfen sind). In einem Kosmos haben alle Wesen und Dinge ihren Platz und ihren Sinn. Alles ist miteinander verbunden, aufeinander bezogen. Alles ist lebendig und beseelt, vom Stein bis zu den „Gottheiten". Und die verschiedenen Schichten des Daseins wurden als durchlässig erlebt; das Seelische ist nicht streng vom Körperlichen getrennt, die Welt wurde als eine große und komplexe Einheit gesehen.

Über endlose Zeiträume der Menschheitsgeschichte fand diese Weltsicht ihren Ausdruck im Mythos, dessen letzte Spuren in den Bildern und Symbolen von Märchen zu finden sind. Diese mythische heilkräftige Bild-Welt zeigt sich in unterschiedlichsten Symbolen, ist aber in ihrer Tiefe überall auf der Welt gleich. Im Mythos verbindet sich die Erkenntnis der Welt mit der Erkenntnis der Seele – Psychologie und Kosmologie sind hier identisch. Alles folgt ehernen Gesetzen, die unseren Kosmos ordnen und zu einer sinnvollen Welt machen, in welcher jedes Wesen seinen Platz hat. Allerdings sind die Gesetze dieses Kosmos andere als diejenigen, die wir heute als Naturgesetze bezeichnen und die uns das Funktionieren verschiedener materieller Einheiten genau zu erklären vermögen.

Zum Teil fanden diese kosmischen Gesetzmäßigkeiten ihren Ausdruck in Mythen und Märchen, in Bildern also, deren Bedeutung sich unser modernes Denken erst erschließen muss, die aber für intuitive Menschen, Kinder und Künstler immer noch direkt verständlich sind.

Das Kausalitätsprinzip (Horizontales Weltbild)

Für viele Menschen besteht die Wirklichkeit aus einer Kette von Gründen, von denen der eine den anderen erklären möchte oder auch erklärt. Aber es bleibt bei dieser Sichtweise immer wieder die Frage nach dem „Warum".

Die Frage nach den Ursachen ermöglicht erst die kausal orientierte wissenschaftliche Forschung, die immer tiefer in die Natur einer Sache eindringt, immer feinere Unterschiede herausarbeitet. Sie bestimmt unsere Denkgewohnheiten und scheint notwendig, um überhaupt logische Zusammenhänge zu erkennen. Auch die Möglichkeit der Steuerung und des Eingriffs in den Ablauf gewisser Dinge ist mit der Tatsache eines ursächlichen Zusammenhangs erst möglich: „Wenn ich den Grund für irgend etwas kenne, kann ich etwas ändern". Seit den Zeiten des altgriechischen Philosophen Aristoteles wird in der Kategorie von Ursache und Wirkung gedacht.

Beispiel:

Die Ursache für eine Angina liegt in der Sichtweise der Kausalität in der Anwesenheit einer bestimmten Menge von, die Krankheit auslösenden Bakterien. Die Ursache wird dabei beseitigt, indem die Bakterien durch Antibiotika abgetötet werden.

Eine wichtige Komponente der Kausalität ist dabei die Zeit. Immer wird ein zeitlicher Zusammenhang zwischen Ursache und Wirkung gestellt. Oft liegen Ursache und Auswirkung in verschiedenen Zeiten bzw. vergangenen Kindheitsabschnitten.

Beispiel:

Jemand hat früher viel geraucht und jetzt Lungenkrebs.

Logischerweise ist unter diesem Gesichtspunkt die augenscheinlich angenommene Ursache, nämlich das Rauchen nicht mehr zu beseitigen. Es können nur noch die Auswirkungen körperlich beeinflusst werden.

Die Analogie (vertikales Weltbild)
Eine Welt der Entsprechungen

Eine ganz andere Sichtweise der Wirklichkeit bietet die Analogie. Betrachtet man die Kausalität als die horizontale Verknüpfung von Dingen, so sieht die Analogie die Zusammenhänge vertikal. Hierbei werden die Zusammenhänge nicht nach Ursache und Wirkung erklärt, sondern es werden innere Zusammenhänge erstellt, die gewisse *(Urprinzipien-)* sprich „Themen" durch alle Formen der Manifestation von Formen verfolgt.

Dies ist also eine völlig andere Sehweise der Welt.

Der zeitliche Faktor dieser Sichtweise entspricht der Synchronizität, d.h. der *Gleichzeitigkeit* nach dem Motto: immer wenn, dann....
(Im Gegensatz zur horizontalen Betrachtung, bei der die Auswirkung einer Sache in einer anderen Zeit, entweder Vergangenheit oder Zukunft liegt.)
Es geht immer um den größeren a-kausalen Zusammenhang, um ein ganzheitliches Muster.

Es geht darum, Eigenschaften in den verschiedenen Bereichen der Welt wiederzuerkennen. Was haben ein Wirt, der Mohnblumensaft, Asien, ein Narkosearzt und Weihrauch als gemeinsames Thema oder Symbol?

Zunächst einmal scheint es keinen sinnigen Zusammenhang zu geben, vor allem, wenn man eine ursächliche Kette aufstellen will.

Betrachtet man aber die verschiedenen Dinge nach ihrem Themenschwerpunkt, so fällt auf, dass es um Vernebelung, Schläfrigkeit, Lethargie geht (hier als neptunisches Grundprinzip der Themen benannt).

Im oben angeführten Beispiel des Grundprinzips Neptun handelt es sich also um die Systeme:

Beruf (Wirt, Narkosearzt), Pflanzen, (Mohnblume), Kontinente (Asien), Düfte (Weihrauch),

Soziales: Alkoholiker/ Suchtkranker oder Narkosearzt als Partner. Als Zahl würde die „2", als Sternzeichen Fische zugeordnet.

Das entsprechende homöopathische Mittel ist Opium.

Aus dem Bereich der Krankheitsbilder passen dazu der unklare Infekt, die schlaffe Lähmung und der niedrige Blutdruck.

Dies ist also wieder die völlig andere Sehweise der Welt, um den größeren a-kausalen Zusammenhang, um ein ganzheitliches Muster.

C.G. Jung äußert sich sinngemäß folgendermaßen dazu:

Synchronizität wird verstanden:

- *als die zeitliche Koinzidenz zweier oder mehrerer kausal nicht miteinander verknüpfter Ereignisse, die gleiche oder ähnliche Bedeutung aufweisen.*

- *Als schöpferische Akte*

... sind sinnvolle Gleichzeitigkeiten als reine Zufälle undenkbar – je mehr sie sich häufen und je größer und exakter die Entsprechungen sind, ...desto weniger können sie als reiner Zufall gewertet werden. Da sie aber einer kausalen Erklärung entbehren, müssen wir sie uns als sinnvolle Anordnung vorstellen.

Gemäß dem alten Hermetischen Gesetz „Wie innen, so außen", sind innere und äußere Ereignisse verbunden, die deutlich mit Sinn ausgestattet sind.

Synchronizitäten bestätigen also nur das alte Weisheitsgesetz:

„Wenn du dich änderst, ändert sich die Welt".

Die analoge synchronistische Betrachtung führt also zu einer Transparenz der inneren Zusammenhänge.

Eine symboltherapeutische Arbeit betrachtet also die Lebenssituationen des Klienten als Symbolträger von zusammenhängenden Informationen, die es zu entschlüsseln gilt und bringt erst so eine Ordnung in das scheinbare Chaos zunächst undurchschaubarer Fakten.

Der Tiefenpsychologe C. G. Jung erkannte bereits, dass Kausalität und Akausalität ein Gegensatzpaar darstellen. Sie schließen sich nicht aus, sondern ergänzen sich und existieren nebeneinander. Das von ihm entwickelte Prinzip der Synchronizität erfasst den akausalen Anteil psychologischer Vorgänge, den Bereich, in dem das Prinzip von Ursache und Wirkung nicht gilt:

Ein bestimmtes Ereignis tritt für einen bestimmten Menschen vom zeitlichen Zusammenhang her so auf, dass es für ihn eine spezielle Bedeutung gewinnt, die ihm einen wichtigen Sinnzusammenhang seines Lebens offenbart. Für jeden anderen Beobachter des gleichen Ereignisses wäre es nur ein zufälliges Ereignis, dem er keine besondere Bedeutung beimessen würde, da für ihn keine synchronistische Verbindung zu diesem Ereignis besteht. Es sagt ihm nichts Besonderes.

Beispiel:

Jemand liest in einem Straßencafe ein Buch über die Toskana, als sich eine Italienerin aus der Toskana zu ihm setzt. Zufälligerweise gewinnt er dann noch über ein Preisausschreiben eine Reise in die Toskana und ein Geschäftspartner schenkt ihm als Dankeschön auch noch eine Flasche toskanischen Wein. Es ist diesem Mann quasi eine Botschaft aus seinem seelischen Inneren entgegengetreten, die ihm sagt, dass dieses Symbol Toskana ihm etwas Wichtiges über sein Leben mitteilen will und was es noch aus seiner Lebensgeschichte herauszufinden gilt.

Für Jung waren synchronistische Ereignisse ausschließlich etwas, was uns die Richtung für unseren persönlichen Lebensweg weisen sollte und das vor allem in Augenblicken, in denen wir von diesem Weg abgekommen waren oder ihn glaubten verloren zu haben.

Wenn wir Synchronizität umfassender definieren, beschreibt sie das Phänomen, dass unsere Lebenssituationen und Darstellungen mit denen wir konfrontiert sind, vielleicht sogar plötzlich und während eines bestimmten Zeitraumes oft sogar gehäuft begegnen und uns eine Botschaft über uns selbst, unseren innerseelischen Zustand mitteilen wollen.

Es werden Themen, Symbole und Bilder bzw. Darstellungen in unseren Lebenssituationen sichtbar erlebt, welche eine Beziehung zwischen unseren Bewusstseinsinhalten und Situationen im Außen herstellen.
Allgemein akzeptiert ist heute diese Tatsache in den Familienaufstellungen Bert Hellingers, die nichts anderes als belastende, verstrickende Bewusstseinsinhalte hier in Form von aufgestellten Familienmitgliedern als zu interpretierendes Muster erkennt.

Grundlagen einer symboltherapeutischen Arbeit

In einer, aus dem synchronistischen Prinzip agierenden symboltherapeutischen Arbeit ist es nun möglich mit Hilfe des a-kausalen synchronistischen „Hermetischen Weltbildes" (das im nachfolgenden noch kurz erläutert wird) und den sich daraus ergebenden heilungskräftigen Symbolbildern, die in der Tiefe von allen Menschen angelegt sind, heilsame Wirkungen in der seelischen Entwicklung eines Menschen hervorzurufen.
Dabei stellt die symboltherapeutische Arbeit den Zusammenhang zwischen Seele und erweiterter körperlicher Erfahrungsmöglichkeit her.
Scheint der Mensch über seinen Intellekt klare und lineare Aussagen über sein Leben zu wünschen, aus denen er Antworten auf seine Fragen erhalten könnte, wie er sich in seinem Leben zu orientieren hat, so muss er doch erkennen, dass der Verstand den direkten Weg zu konkreten Antworten zu den Themen der Sinnfindung versperrt.
Dennoch gibt es die Möglichkeit, mittels der Hermetischen Sichtweise bedeutsame Hinweise auf die drängenden Sinnfragen des Lebensweges zu bekommen.
Diese Möglichkeit erschließt sich in der intensiven Beschäftigung mit Symbolen und Urprinzipien, indem man diese wie einen Traum erforscht, studiert und sie als bewusstseinsverändernde verbindende Resonanzkraft zwischen dem Inneren und Äußeren akzeptiert.

Symboltherapeutische Arbeit ist ein für diesen Zweck bestehendes Instrument, welches dem Menschen dazu verhilft, sein Bewusstsein und sein Leben über diese Arbeit zu verändern über das alleinige „Ein-Wirken" lassen durch die Anwendung dieser symbolhaften Arbeit.

Natürlich ergänzt erkenntnisorientierte Arbeit über den Verstand das Lenken seines sich dadurch verändernden Lebens in die richtigen Bahnen.
Aber erst die sich verändernde innere „Einstellungsänderung " bringt dann quasi resonatorisch den Menschen in Berührung mit qualitativ sich harmonischer darstellenden Lebenserfahrungen und Mustern gemäß dem Hermetischen Gesetz:

„Wie innen, so außen" bzw.
wenn du dich änderst, dann ändert sich deine Welt!

Die daraus folgende innerseelische Korrekturarbeit am eigenen Einstellungsmuster ist als eine Leistung auf dem individuellen Weg anzusehen, welche darin besteht, unter hermetischen Gesichtspunkten wieder in das Gesetz des eigenen harmonischen Geburtsmusters zu kommen. Stück für Stück setzen sich über Symbolarbeit gleichsam wie die Teile einer zerbrochenen Bildplatte im Bewusstsein die fehlenden bzw. unbewussten Elemente wieder ein, die das Werk der Vervoll-kommnung unterstützen. In den meisten Fällen decken sich die persönlichen Ideale und Ziele des Menschen nicht mit den besteh-enden Strukturen eines Geburtsmusters bzw. seelischer Idee/-Thematik und den zu erfüllenden Themen bzw. Anlagen des Bewusstwerdungsweges.

Der Mensch selbst gerät durch sein subjektives Handeln über seinen Intellekt und geprägten Programmen, durch z. B. Autoritätspersonen, Werbung, Eltern - immer mehr aus dem Gesetz seines individuellen Geburtsmusters, was sich darin auswirkt, dass im Leben manches „schief läuft".

Die geläufige Redewendung drückt das eigentliche Problem sinnhaft aus, denn jedes Misslingen von Handlungen, jeder Misserfolg resultiert daraus, dass der Mensch nicht in seiner eigenen Ordnung ist, also jenen übergeordneten Gesetzen und Aufträgen nicht gerecht wird, die mit der Geburt als Auftrag an ihn ergangen sind.

Gelingt es dem Menschen zum Beispiel mit Hilfe der symboltherapeutischen Arbeit, die Harmonie mit seinem Geburtsmuster herzustellen, dann ordnen sich die Dinge in seinem Dasein wie von selbst, weil er im Sinne seines Auftrages in Wahrheit mit sich, seinem wahren Selbst lebt und damit im Einklang ist, mit der in seinem eigenen Inneren bestehenden Ordnung.

Ein wichtiger Aspekt für das symboltherapeutische Vorgehen besteht nun darin, dass im Sinne des Hermetischen Weltbildes eine Aufspaltung von Körper und Seele nicht vorhanden ist.

Das Hermetische Weltbild postuliert im Prinzip, dass alles ist in allem enthalten und auf einander einwirkt. Mikro- und Makrokosmos, Innen (das Thema) und Außen (Form) entsprechen sich.

Alles Sein hat Aspekte oder Schichten, die wir als körperlich, seelisch und geistig zusammenhängend beschreiben, aber es gibt keine Trennung zwischen einem nur materiellen Körper und einer nichtmateriellen Seele, deren Wirkungen aufeinander erklärungsbedürftig sind und streng genommen nicht erklärt werden, sondern nur beobachtet werden können.

Schon damals wurde also die Welt als ein Hologramm betrachtet, wo das gesamte Bild in jedem seiner Teile wieder erscheint, bzw. enthalten ist. Die Lösung eines Sinnfindungsproblems im Menschen kann nur darin liegen, von einem Weltbild auszugehen, das keine solche Spaltung vornimmt, sondern sich an der erlebten Wirklichkeit orientiert, in welcher die Welt eine Einheit bildet.

Das Symbol, als ein Zusammengeworfenes, ist dabei nichts anderes als ein Verbindendes in den einzelnen individuellen Entsprechungsebenen des Menschen. Das Arbeiten mit dem Symbol hat also immer eine energetische Auflösung von Blockaden, hin zu einer harmonischen Ganzwerdung hin, die den Menschen seinen Weg bewusster gehen lässt.

Er akzeptiert dann, dass sein innerseelisches Leben sich quasi wie ein Spiegel im Äußeren darstellt.

Der Tempelschlaf
Ein antikes symboltherapeutisches Heilungsinstrument

Die antiken Heiler betrachteten die spirituelle Natur als die wahre Natur des Menschen. Vollständige Harmonie und Gesundheit galt als der natürliche Zustand, die beständig und unerschütterlich blieben, solange der Mensch im Einklang mit der göttlichen Harmonie und der Ordnung, die das Weltall regieren, lebte. Krankheiten entstehen durch Feinde der psychischen Harmonie – so ist es überliefert – die "phantastisch und dennoch gefährlich" sind, weil sie zuerst das Gemüt des Menschen angreifen und ihn in unbewusste Ängste, Bösartigkeiten und schreckliche Leidenschaften stürzen.
Wenn er ungewappnet und charakterschwach ist, setzen sie sich in seinen Sinnen und Gedanken fest und verbreiten sich im ganzen Körper.

Insbesondere der Arzt Hippokrates (460 bis 377 vor Christus) von der Insel Kos im Ägäischen Meer gilt bis zum heutigen Tage als Begründer der ganzheitlichen hermetischen Medizin als symbolhafte Erfahrungswissenschaft, Seine erste Schule in Kos erfreute sich eines hohen Ansehens. Dort befand sich auch das berühmte Heiligtum des Asklepios, des Gottes der Heilkunde, wo man sich ähnlich heute einer Kur mit Tempelschlaf und integrierte Traumarbeit ganzheitlich heilen ließ.
Der Tempelschlaf ist eine uralte Technik, die schon in der ägyptischen Hochkultur um 500 v. Chr. im Serapis-Tempel in Memphis und in den Isis-Tempeln unter Beachtung besonders astrologischer Mondrhythmen therapeutisch eingesetzt wurde.
Im antiken Griechenland wurde diese ägyptische Tradition aus den Isis- Tempeln in den Tempeln des Asklepios - wie in Epidaurus und auf Kos - wieder aufgenommen.

Dass der Geist (nous) das allerhöchste Prinzip bei der Bildung des materiellen Organismus ist, hatten Asklepios und seine ägyptisch-griechischen Priester erkannt, und sie haben die Wechselwirkung von Soma, Psyche und Nous genauestens überprüft. Und genau dort setzen sie mit der Heilung an:

„Krankheit", so ist überliefert, "kann niemals bis zum Körper (Soma) gelangen, solange sie nicht durch die Psyche des Menschen geht – bewusst oder unbewusst."

1. Erkranken am Problem - Körper Ebene - Krankheit / Unfall
2. Erleiden am Problem - Gefühls Ebene - Hass / Zorn
3. Bearbeiten, Erkennen des Problems auf der spirituellen symbolischen Ebene, der Innenschau (Tempelschlaf)
4. Überwindung, und Bearbeiten des Problems - Mentale Ebene

Da nun die „Keime" der Krankheit hauptsächlich in der Psyche stecken, musste auch die Art der Behandlung eine geistige sein.

Jemand, der krank wurde oder psychisch anfällig wurde, weil er auf sein Gemüt nicht achtete, sei es, dass er es nicht verstand, sich nicht klar abgrenzen, oder sei es, dass seine geistige Widerstandskraft abgenommen hatte, oder dass sein Glaube an das Göttliche schwach war, der ging in Ägypten in die ISIS-Tempel oder in Griechenland zum Tempel des Asklepion, um dort Heilung zu erlangen.
Er wollte dort seinen ursprünglichen und harmonischen Zustand wieder gewinnen, wo er glaubte, dass die höhere Geistigkeit der Priester und die besonders religiöse, geistige kraftplatzähnliche Umgebung ihm helfen konnte, Heilung über seine persönlichen Symbole wieder zu finden.

Über das nous wurde die Psyche geheilt; über eine Änderung der Mentalität (griechisch: metanoia = Gemütswechsel) geschahen dann auch somatische (= körperliche) Heilungen.

In der geistigen und heiligen „Strahlung", die von Asklepieion, dem höchst religiösen und geistigen Zentrum ausging, und in dem tiefen Glauben der Pilger an das Göttliche und die göttliche Harmonie, erhoben und vergeistigten sich die Menschen in einer Art Traumschlaf zu hoher Spiritualität, so dass sie aufnahmefähig wurden für die Kraft des göttlichen Geistes, der sie neu belebte und umbildete.

Die Priester des Asklepios spiegelten durch hohe spirituelle Geistigkeit und ihren engen und dauernden Kontakt mit der göttlichen Quelle die gewaltige Wirkung des Göttlichen und erreichten mit dieser Kraft übernatürliche Heilungen.

Wie aus den bekundeten Fällen zu ersehen ist, schlief der Kranke nach seiner äußeren und inneren Reinigung unterstützt durch Fastenzeremonien, und nach der Darbringung seiner Opfer im Tempel des Asklepios schließlich im Abaton, im Tempelzentrum. Im tranceähnlichen Zustand erlebte er dort in einer oft durch Priester geführten Schlafreisen oder nachts im Schlaf einen intensiven Traum, in dem meistens der Heilgott selbst oder stellvertretend die Schlange (*Heute noch Arztsymbol!*)mit einer stark affektiv besetzten Bild- Botschaft auftrat. Als er erwachte war er dann schon im Prozess der Heilung begriffen.

Die Meditation im Abaton, von der auch das Wort Medizin abgeleitet ist, trug den Namen „Enkomisis", das heißt übersetzt „Hineinschlafen".

Der Tempelschlaf ist der Trance oder dem Zustand der Hypnose verwandt, entspricht aber eher dem Dämmerzustand zwischen Wachen und Schlafen. Es handelte sich also sicherlich um einen Zustand, den wir aus unserem Leben auch als tieferen Tagtraumzustand oder Alpha- Zustand kennen. Durch die Ausschaltung der bewussten Denkprozesse gelingt die Annäherung an individuelle archetypische Bildmythen, an unbewusste seelische Muster, ähnlich einer Schamanenreise, die möglicherweise einer Entfaltung des eigenen Selbst im Wege stehen.

Die nachfolgende bewusste Problembearbeitung und -lösung wird dem Schlaf-Erlebenden häufig in überraschender Weise erleichtert, ohne den Verstand in analytischer Weise, wie es heutige Psychoanalytiker tun, zu bemühen.

In Anlehnung an eine alte Mysterientradition erhielt der Klient im künstlich herbeigeführten Tempelschlaf, über leichte Trance, Drogen, Hypnose (?) wieder eine Möglichkeit, sich mit seinem eigenen seelischen heilenden Mythos vertraut zu machen.

Die alten Werkzeuge, wie z.B. das intuitive Erfassen von Symbolen, bewusste Trance, inneres Bilderleben, Astrologische Analogien wurden hier in ihrer Gesamtheit für jenen Prozess der Selbsterkenntnis und Individuation eingesetzt, wie er in den Tempeln vergangener Zeiten üblich war.

Damit wurde die Einseitigkeit der rational betonten Welt durch mythologisch fundierte tiefenpsychologische Traum- Bildarbeit am Bewusstsein wieder heilbringend ergänzt. In der geführten Schlaftrance wurde dem Klient die krankmachende Dramaturgie seiner inneren Bilderwelt metaphorisch widergespiegelt.

Diese Symbolik half ihm, sich seines blockierenden persönlichen krankmachenden Handlungsmusters bewusst zu werden.

Eine solche geistige Arbeit gab ihm den Schlüssel zur Selbsterkenntnis in die Hand. Der, den Heilungssuchenden begleitenden Psychopompos (Priester oder Seelenführer) war jemand, der aufgrund von intensiven und tiefgreifenden Symbolstudien die archetypischen Anlagen der Psyche kannte und von daher befähigt war, ähnlich einem Schamanen die bestmögliche Begleitung zu geben.

Wurde die ureigenste Seelenmythologie des Heilungssuchenden bewusst wahrgenommen, also erneut "eingeatmet", dann lösten sich automatisch festgefahrene Strukturen, da das Unterbewusstsein die schöpferische Phantasie der Ur-Bilder (Bei Platon sind dies schon „eidos" – quasi die „Ideen" als transzendente ewige Formen, heute Archetypen genannt) in der Schlaftrance als Bildsymbole "real erlebt" und bewertet. Das rationale Wachbewusstsein konnte daraufhin oft automatisch alte, überlebte und wertlose Anteile loslassen. Welch ein Segen wären heute diese Ansichten für die Heilung unserer Neurosen und Psychosen, anstatt Ursachen dieser in Genen und Vererbungen zu suchen.

Wir sehen, dass hier schon in der Antike archetypische Schlaf-Träume im aktiven oder passiven Traumgeschehen als seelisches Fortschrittsgeschehen für einen Heilungsprozess gesehen wurden, an die man seit dem Mittelalter vor Jung und Freud nicht mehr im Traum gedacht hätte. Man erkannte schon in der Antike, dass Seele das Lebendige im Menschen darstellt, das Lebende und Lebensverursachende. Diese Seele, mit ihren schon „innewohnenden" Ur-Bildern, die unter anderem die Astrologie schon von jeher als archetypische Urbilder benennt, erweckt aus sich selbst heraus das Lebendige und Lebensverursachende mit einer individuellen Zielrichtung im körperlichen Ausdruck. Ja, sie wurde mit „aiolos" beschrieben, als bunt schillernd, lebenstrunken und begierig sich selbst in einer bei jedem ganz individuellen Weise sich körperlich zu erfahren.

Albertus Magnus als berühmter Mystiker und Philosoph und fasste um 1485 die Erkenntnisse der Antike mit ihren Tempelschlafmysterien in einer wunderbaren Beschreibung zusammen.

Seine wichtigste Bemerkung, die für Tempelschlaf und z.B. Astrologie als seelische Symbolwissenschaft spricht, ist folgende, wobei er schon klar erkannte, wie sehr die Hermetische Wissenschaft mit ihrem „Wie innen so außen" das a-kausale bzw. synchronistische in Entsprechungen funktionierende der Welt erkannte.

Magnus erfasste deutlich, dass die menschliche Seele große Kräfte emotionalen Ursprungs besitzt, aus dem Wirken heraus die Dinge und Lebenssituation ändern und beherrschen zu können, wenn sie von großer Liebe oder Hass intensiviert werden:

„Ich fand eine einleuchtende Darlegung, ...dass der menschlichen Seele eine gewisse Kraft, die (äußeren) Dinge zu verändern, innewohne und ihr die anderen Dinge untenan seien; und zwar dann, wenn sie in einem großen Exzess von Liebe oder Hass oder etwas ähnlichem hingerissen ist.
Wenn also die Seele eines Menschen in einen großen Exzess von irgendeiner Leidenschaft gerät, so kann man experimentell feststellen, dass er (der Exzess) die Dinge (magisch) bindet und sie in eben der Richtung hin verändert, wonach er strebt, und ich habe es lange nicht geglaubt (!), aber nachdem ich nigromantische Bücher und solche über Zauberzeichen (imaginum) und Magie gelesen habe, fand ich, dass (wirklich) die Emotionalität (affectio) der menschlichen Seele die Hauptwurzel all dieser Dinge ist, sei es entweder, dass sie wegen ihrer großen Emotion ihren Körper und andere Dinge, wonach sie tendiert, verändert, …. Wer also das Geheimnis hievon wissen will, um jenes zu bewirken und aufzulösen, der muss wissen, dass jeder alles magisch beeinflussen kann, wenn er in einen großen Exzess gerät ..., und er muss es dann eben gerade in jener Stunde tun, in welcher ihn jener Exzess befällt, und mit den Dingen tun, die ihm die Seele vorschreibt. Die Seele ist nämlich dann so begierig nach der Sache, die sie bewirken will, dass sie auch von sich aus die Bedeutendere und bessere Sternstunde ergreift, die auch über den Dingen waltet, die besser zu jener Sache passen ... Und so ist es die Seele, welche die Sache intensiver begehrt, welche die Dinge mehr wirksam und (dem) ähnlicher macht, was herauskommt ...
In ähnlicher Weise nämlich funktioniert die Herstellung bei allem, was die Seele mit intensivem Wunsche begehrt. Alles nämlich, was sie, auf jenes zielend, treibt, hat Bewegungskraft und Wirksamkeit nach dem hin, was die Seele ersehnt."

Heute stehen wir vor der Aufgabe, die alte (und neue) Weltsicht wieder kennen lernen zu müssen und uns ihrer Blick- und Vorgehensweise zu öffnen.

Welches sind die kennzeichnenden Grundzüge und welches die geistigen Säulen, auf denen sie beruht?

Wir erfahren, also schon unter anderem aus der Antike, dass die Vorgänge in unserem Unbewussten viel mehr mit unserer Gesundheit und dem Lauf unseres Schicksals zu tun haben, als unsere bewussten Pläne und Wünsche. Unser Tagesbewusstsein ist nur ein sehr kleiner Ausschnitt aus unserem Wesen und hat nur mäßigen Einfluss auf unser Leben und unsere Welt.

Unser Schicksal wird von anderen Kräften bestimmt, die keineswegs blind und zufällig sind, nur weil sie unserem Alltagsbewusstsein nicht unterstehen. Insofern sollten wir sehr viel bescheidener werden. Die Kräfte, die an unserem Leben mitwirken, können wir beispielsweise in „Tempelschlaf"-Träumen erleben. Oder wir suchen diese Tiefenschichten mittels Meditationen oder Phantasiereisen bewusst auf. Wir erkennen dabei vielleicht wieder die mächtigen heil -trächtigen Bildsymbole als Spiegel bzw. Tempelschlafhilfe unseres seelischen Geschehens, die uns Aufschluss über die Gefühle, Kräfte und Entwicklungen in unserem Leben zu verschaffen, die unserem Alltagsbewusstsein nicht mehr zugänglich sind. Diese bestimmen aber unser Leben in entscheidender Weise.

Zur tiefenpsychologischen Arbeit, die also eine symboltherapeutische Arbeit sein muss, gehört das Erkennen von Ur-Bild-Grundmustern hinter dem Verhalten, in Phantasien und Träumen von Menschen, ihre Bewusstmachung und weitere Entwicklung zu Mustern, die eine heilende Ganzheit ausdrücken. Diese, auch „archetypisch" genannten Muster finden sich in der individuellen Psyche ebenso wie in der kollektiven, das heißt in kulturellen Zeugnissen. Die Astrologie z. B. benennt die Verhaltens- und Wahrnehmungsmuster von Menschen mit Hilfe der überlieferten Tierkreiszeichen- und Planetensymbolik. Sie hat letztendlich mit einer Wirkung der Sterne überhaupt nichts zu tun. Heilung und seelische Entwicklung finden durch Erkenntnis dieser komplexen vielgestaltigen Symbolmuster statt, die im „Katathymen Bilderleben", als moderne Form des Tempelschlafs, reichhaltige Heilungsmöglichkeiten von psychischen und physischen Störungen bieten.

Über die symboltherapeutische Arbeit werden oft einzelne, zu den „beschädigten oder vergewaltigten " bzw. verdrängte, aber dem Bewusstsein zugehörigen Gefühle, Bilder oder Erinnerungen in Symbolform freigesetzt. Als entsprechende Träger psychischer Energie sind dann über das Tagesbewusstsein für die Heilung durch Visualisationsrituale wieder einsetzbar.

Der Schwerpunkt bei der symboltherapeutischen Arbeit ist liegt dabei neben der heilbringenden Wirkung von korrespondierenden Symbolen auch bei der mentalen Bearbeitung bzw. Integration die körperliche Krankheiten, aufgefasst als „eingefrorene Gefühls-Bild-Blockaden" auflösen helfen.

Die symboltherapeutische Arbeit in den hier geschilderten Zusammenhängen erfordert ein Umdenken in den angewendeten Konzepten und die Entwicklung eines (für uns) neuen Vertrauens in diese Gesetzmäßigkeiten.

Das Denken in mechanistischen Kategorien und Sachzwängen, in schulmedizinischen Krankheitsbegriffen und – abläufen, in Theorien von Erregern und Ansteckungen, von Chemie und Substanz ist uns so in Fleisch und Blut übergegangen, dass es dauern kann, bis wir uns wieder auf eine von kraftvollen Symbolen beherrschten ganzheitliche Welt- und Therapievorstellung wirklich einlassen können.

Das wichtigste Prinzip ganzheitlicher Heilung dabei ist, dass wir wieder der hermetischen Ordnung der Daseinsebenen folgen und davon ausgehen, dass die stoffliche Struktur immer dem Fluss einer symbolhaft und bildhaften mit gefühlsbeladen Energie folgt.

Zusammenfassung

Die Realität eines Traumgeschehens, ebenso wie deine Phantasien sind ebenso gültig, wie die Handlungen in wachbewusster Erfahrung. Besonders Tagträume mit hoch gefühlsmäßigen Inhalten haben unfehlbar Auswirkungen auf unser Leben.

Sie können uns in unserer Gesundheit bestärken oder uns in depressive Stimmungen vertiefen bzw. uns noch in leidvollere Situationsdarstellungen unseres Lebens verstricken.

Es gibt jedoch Methoden, Traumarbeit über Symbole sinnvoll einzusetzen um uns in Resonanz mit freudvolleren Lebenssituationen zu bringen.

Seit Urzeiten schon wussten die Menschen, wie wichtig Träume und phantasievolle Vorstellungskraft als Schlüssel und Wegweiser für die erlebte Realität sind.

Heutzutage wissen wir, dass Träumen lebenswichtig ist:

Es hält uns im körperlichen und seelischen Gleichgewicht!

Psychosynthetiker, als moderne Psychopompi bzw. Seelenführer versuchen anhand ihnen geschilderten Traumerlebnissen und künstlich erzeugten Phantasie, bzw. auch genannt „Innenweltreisen" mit entsprechenden Heilsymbolen diesem Gleichgewicht wieder auf den Grund zu kommen. Durch die Verwendung dieser Symbole kann der Symboltherapeut in einem meditativen Prozess wieder rückwirkend Heilprozesse initiieren. Ganzheitlich arbeitende Ärzte sprechen von „diagnoseweisenden" Träumen.

Doch nur wenige Menschen wissen, wie man Träume auch kreativ nutzen kann:

Natürlich um die Gesundheit zu verbessern und die Vitalität zu steigern, um inspirative Ideen und intuitive Einsichten zu wecken, um Probleme zu lösen, zwischenmenschlichen Beziehungen zu bereichern, kurzum:

Symbole können dem Menschen helfen mit dem Wirken aus ihrem „Sein" eine neue harmonischer empfundene Realität zu kreieren.

So wie jeder Mensch bis zu einem gewissen Grade von seiner körperlich - materiellen Umwelt geprägt wird, so kann er auch durch aktive selbsterzeugte „Tagträume" eine andere Lebensrealität selbst hervorbringen, erschaffen bzw. bewirken. Das ist die Magie nach der Menschen seit jeher suchen. Es ist sozusagen eine „Gestaltung des Lebens aus dem Bewusst-sein" heraus. Die Gesetzmäßigkeiten sind hierzu eben in den sogenannten „„Hermetischen Gesetzen" zu finden::

„Wenn du dich änderst, dann ändert sich die Welt –
„Wie innen, so außen, wie oben so unten".

So ist es möglich durch intensive aktive Traumkonstruktionen Probleme zu lösen und zu harmonisieren. Oft werden auf dieser Ebene der Erfahrung die Lösungen von Problemen, die im aktiven äußeren Handeln als unauflösliche Blockaden empfunden werden, ermöglicht.

Nimm einmal an, du hast das Bedürfnis mehr Unabhängigkeit für dein Leben zu ermöglichen. Wenn du dann in der Lage bist, einen dementsprechenden emotional dich ansprechenden intensiven Tagtraum zu kreieren, in dem du die ersehnte Bild und Gefühlsqualität erschaffst, dann tritt dieses Thema gemäß dem hermetischen Resonanzgesetz „Wie innen, so außen" mehr und mehr in dein Leben hinein.

So ist auch die Steuerung eines aktiven imaginativen Traumge-schehens über deine, mit Gefühlen beladenen Vorstellungskraft eine hervorragende Methode selbst hervorgerufener Heilung. Jedoch haben Träume destruktiven Inhalts, so wie auch alltägliche Befürchtungsenergien und die damit verbundenen Ängste, die Tendenz, die negativen Aspekte der Persönlichkeit hervorzuheben, und führen leicht dazu, einen schon schlechten Gesundheitszustand zu verstärken.

Zum Beispiel leben wir meist immer mit den empfundenen Vor-stellungsbildern von Krankheitsbildern und den damit verbundenen Befürchtungen, anstatt gesunde Vorstellungsbilder zu imaginieren.

Hoch emotionale aufbauende Erwartungen im Vorstellungstraum haben jedoch die Tendenz sich zu erfüllen und so eine Änderung einer als beschränkt empfundenen Lebenssituation zum Besseren hin zu bewirken.

Ein Handeln im aktiven Traum ist aber kein Ersatz für im Leben unterbliebenes Handeln zu sehen.

Vielmehr geht es darum die sich dann im Äußeren darstellenden, zum harmonischeren tendierenden Wahlmöglichkeiten, die sich im Außen ergeben, durch das aktive Tun zu gestalten.

So ist jeder mehr oder minder unbewusst der Erschaffer und Schöpfer seines Lebens.

So will dieses Buch darauf hinweisen und mit den beschriebenen Übungen dabei helfen, harmonischere Lebenssituationen und mehr Heil- Sein in deinem Leben zu verwirklichen.

So gesehen bewirkst du durch aktive mentale „Psychohygiene" in deinen Vorstellungen ein erfüllendes Handeln in deinen Lebenssituationen, die dann mehr und mehr in Fluss kommen:

Deine Traumwirklichkeit wird dann mehr und mehr zur greifbaren Realität!

Jeder aktive gezielte Tagtraum nimmt seinen Ursprung aus psychischer Energie, mit der ein Träumer nicht ein nichtstoffliches oder gegenständliches in Wirkliches transformiert. Der Trauminhalt selbst wird als Symbol existent. Eine hohe Erfüllungserwartung bzw. emotionale Intensität, angereichert mit ansprechenden Symbole, die eine Bedeutung für dich haben, „projiziert" den Trauminhalt gleichzeitig auch nach außen und verleiht ihm körperlich empfundenen Expansionsraum im Außen.

Natürlich sind für den, in der Psychologie nicht bewanderten Leser, obige Ausführungen nicht sehr leicht nachvollziehbar. Deshalb wollen wir uns jetzt auf die Reise machen, um elementar wichtige Symboliken in ihm wieder zum Leben zu erwecken.

Allein das aufmerksame Lesen der nachfolgenden Seiten und das hoffentlich begleitende Üben nach dem ersten Lesen wird sein Leben verändern hin zu größerer Harmonie und Vertrauen in die Sinnhaftigkeit seines Lebens.

Vielleicht kann auch wieder ein Zugang zu dem gewonnen werden, was Göttlichkeit bedeutet, und dass diese sehr praktisch und in nachvollziehbarer Weise unser Leben begleiten und verändern kann.

Lass dich also berühren für das Wunder deiner Lebensgestaltung aus deinem Innern heraus!

Geh öfters in der Stille mit deinen und den im Buch behandelten symbolischen Bildern auf Resonanz, empfinde sie nach und lass diese durch dein einfühlen in dir schwingen.

Weise dabei deinem Verstand vorübergehend eine ausschließlich beobachtende Funktion zu.

Während du dieses Buch liest und dich von seinen Ausführungen und Bildern inspirieren lässt, wirst du herausfinden, dass der Rhythmus deines Lebens weniger schwindlig und chaotisch erscheint und in Verbindung steht mit deinen oft festgefahrenen inneren Gefühlen und Einstellungen.

Du wirst erkennen, dass dein Leben keine analytische Antwort möchte, sondern dass alleine die Arbeit mit Symbolen, dir, als mit „göttlichen Möglichkeiten gefülltes Gefäß" neue Wahlmöglichkeiten eröffnet.

Du wirst erfahren, dass du dann durch schöpferische Entscheidung das göttliche Spiel weiter spielen kannst.

Dieses Büchlein ist also kein Buch zum Weglegen. Es ist ein Buch für deine magische Selbstveränderung hin zu deinem Heil- Sein.

Atme und fühle den Geist dieses Buches!

Es wird dein Leben verändern!

Die sieben heilenden Symbole deines Lebens

Dein Tempelschlaf
Das Verweilen in deinem Innersten Heiligtum

Du gehst in deine Stille, über deinen weiten und bewussten Atem tauchen in deinem Bauchraum folgende Bilder auf, die du mit deinem weiten und behutsamen Atmen recht gut nachvollziehen kannst:

Du siehst dich auf einer kleinen Anhöhe stehen und vor dir breitet sich ein wundervoller, rechteckiger Tempel mit wundervoll gestalteten Säulen aus. Ein breiter, von Statuen gesäumter Weg führt direkt auf das kostbare Portal zu. Du gehst langsam auf diesen Tempel, auf deinen Tempel der Reinigung, der Läuterung, der Gesundung zu. Mehrere, in lange Gewänder gehüllte Priester erwarten dich bereits. Sie haben gütige und weise Gesichter. Du fühlst, sie haben schon auf dich gewartet. Sie sind auf dein Kommen vorbereitet.

Gemessenen Schrittes fuhren sie dich durch eine lange Wandelhalle in einen kuppelförmigen Raum. Nur drei kleine Seitenfenster geben spärliches Licht. Von der Kuppelmitte fällt ein kreisrunder Lichtstrahl genau auf den Mittelpunkt einer schweren Granitplatte, den Altar in der Raumesmitte. Neben der großen Steinplatte stehen zwei alabasterne, große Opferschalen. Leichter, Trance erzeugender Rauch windet sich daraus in die Kuppel hoch. Freundlich geleiten dich die Priester an den Altar und fordern ihn auf, sich auf die große Granitplatte zu legen. Dann verabschieden sie sich.

Du, als Heilungssuchende(r) liegst nun bequem ausgestreckt auf dieser Steinplatte.

Du siehst dich dabei in der geheimen Mysterienkammer eines Tempels, der inmitten einer Tempelanlage steht. Es ist dunkel und du verlierst jeglichen Zeitbegriff.

Langsam hast du die Empfindung, in diesem Raum zu schweben. Die Dunkelheit ist für dich wie die Dunkelheit des Mutterleibs Es ist nicht wirklich dunkel um dich herum.

In diesem deinen schwebenden, geistig offenen Zustand kannst du dich einfühlend und intuitiv mit dem Bilder- und Symbolreichtum deiner Seele kommunizieren.

Du atmest weit und fühlst dich so behutsam diese Szene ein.

„Du bist jetzt so tief in deinem Inneren, dass du dich jenseits von Zeit und Raum befindest, in einer anderen Dimension. Während dein Bewusstsein nun schläft und träumt, lauschst du den Botschaften deiner psychischen „Wesenheiten" um dir herum.
Du weißt, sie werden dir helfen, diesen beschützenden und ewigen Ort zu erreichen, wo du auf allen Ebenen gesunden kannst.
Eine lange Zeit in der Dunkelheit vergeht, und über dein Atmen wird deine Ruhe größer und größer.

Die Götter, sprich erregende Bilder der Heilung tönen langsam in dir. Aus der Ahnung und Intuition deines Tiefenbewusstseins steigen die Botschaften in Bildern und Worten auf:

Fühle über deinen Atem wie du nun weiter wirst, allum-fassender fühle die Wogen der unbegrenzten Liebe zu dir und des Lichts.
Fühle, wie du darin geläutert wirst und rein. Fühle dein Heilwerden.
Lasse es wieder zu als Sohn/Tochter des Himmels. Du wirst zur Kraft dieses Tempels. Du bist selbst diese Kraft. Du bist von deinem Ursprung an die Kraft der sich darstellenden Gottheit, des Allumfassenden an sich.

Fühle und sieh über diesen Vorgang des Einatmens und des Einfühlens, wie du dich mit allem was ist, mit der Gottheit, dem Licht in dir verbindest. Sieh es als eine heilige Handlung. So wie die Braut sich mit dem Bräutigam verbindet, wie zwei Liebende eins werden, wirst auch du eins mit dem Kosmos.

Siehe die Unbegrenztheit des Ozeans in dir. Bisher sahst du dich immer begrenzt, aber jetzt bist du aufgefordert dein wahres Sein über die diese dir persönlich gesetzten Grenzen zu erkennen.
Und du kannst zu diesem Meer in diesem Leben nur dann kommen, und auch hier wieder die Übereinstimmung „das Meer" als Ursprung des Lebens, wenn du zu dem Ursprung wieder zurück gehst, so wie du in das Licht zurückgehst, aus dem das geistig spirituelle Leben entstanden ist.

Geh zurück in dieses Licht. Schau es dir an. Erkenne die Unbegrenztheit es Lichtes in dir. Es ist aus unvorstellbarer Ferne zu dir gekommen. Erlebe, das dieses Licht mehr ist als das Licht der Sonne, mehr als das Licht der Sterne. Es kommt aus der Weite hinter der Sonne, hinter den Sternen, aus der Unendlichkeit des Universums. Dieses Licht ist dein Licht, das Licht deines wahren Seins.

Atme es ein und lass dieses Einfließen dieser Energie in dir durch dieses Licht in dir geschehen. Atme es ganz weit, atme es ganz offen.

Tritt jetzt quasi in heiliger Ehrfurcht vor dieses Licht, so wie du vor seinen Altar trittst um den Bund, den ewigen Bund des Lebens mit dem Licht zu schließen. Tritt vor seinen Altar, siehe das Licht an deiner Seite und höre die Stimme aus weiter Ferne, die zu dir spricht:

„Bist du gewillt dieses Licht deines Lebens zu ehren und zu lieben in guten wie auch in schlechten Zeiten - So sprich ja!"

Und hier erkennt dein Verstand, dass ein Teil dieser irdischen Formel fehlt, nämlich der Teil, der besagt, bis dass der:

„Tod euch scheidet"

Und das war immer dein Problem gewesen.

Denn als deine unbegrenzte Liebe zu dem Licht starb, als dein Vertrauen in das Licht gestorben ist, so war es der Tod der Hoffnung der euch getrennt hat, und ihr musstet auseinander gehen. Es war eine Hoffnung, die du hattest, aber jetzt in deinem ganz speziellen Falle, wo du jetzt wieder vor diesem Altar stehst gemeinsam mit dem Licht deines Lebens, ist es deine Bereitschaft das Licht deines Lebens wieder anzunehmen.

Fühle tief in dir diese gewachsene Bereitschaft die Liebe zu dem Licht.

Fühle dich ein und nun verstehst du vielleicht, dass es hier keinen Tod gibt, der dich von dem Licht trennen kann, dass es hier kein Sterben gibt, das diese Liebesbeziehung beenden wird.

Diese Verbindung mit dem Licht war in Wirklichkeit von Anbeginn der Zeit an da. Du hast es nur eine kurze Zeit lang im irdischen Leben nicht erkannt, vergessen.

Das bedeutet nur, dass du, wie in der Geschichte mit dem verlorenen Sohn, der das Haus des Vaters verlassen hat, Erfahrungen gesammelt hast in der Dunkelheit der Materie.

Aber jetzt am Wege dieser Heimkehr bist du bereit für immer zuhause zu bleiben.

Sieh diese Szene, fühle sie und erlebe Sie ganz persönlich. Gestalte diese Zeremonie deiner Verbindung mit dem Licht mit den Worten, den Gedanken, mit den Formulierungen, mit den Bildern, die jetzt in diesem Augenblick in dir in Erscheinung treten. Lass diese auf deinem „Inneren Bildschirm" wirken, genieße sie und erfreue dich dieser Situation, dieser Zeremonie.

Fühle die dich in diesem Augenblick verwandelnde Energie!

Fühle, wie sehr du dich in tiefster Liebe, mit unendlicher Zärtlichkeit mit diesem Licht verbindest.

Fühle tief in dir dabei das geheime Mantra:

„Ich glaube, ich vertraue".

Glaube ganz einfach an dich Fühle die dich dabei verwandelnde Energie, wenn du dieses Mantra und die Zeremonie siehst. Dann sei offen und bereit, es in dir zu fühlen, diese Verwandlung der Energie in dir.

So lernst du die dein Bewusstsein verändernde Energie in dich einzulassen im Sinne der Vorstellung deiner Liebesbeziehung.

Sieh es wie schillernde Energiekugeln. Sieh von nun an, wenn du Glück sehen willst, schillerndes Licht, gleich einer Seifenblase durchsichtig, durchscheinend aber ungleich dieser aus einer unendlich starken Energie gebildet. Es ist eine Energie der Freude, ein Glanz der Liebe, ein schillerndes Glück des Lebens in tausenden Farben, Farbspielen, und Farbkombinationen, die sich dir immer wieder aufs Neue zeigen.

Fühle deine Zuversicht und deinen Hohen Mut und glaube an diese Kraft. Konzentriere diese Aufmerksamkeit darauf und lasse alle Zweifel los.
Atme es ein, und deine Dunkelheit, den Druck, die Blockaden, werden durch das Licht erlöst. Es befreit dich aus deinen Zwängen, von deinen Fesseln.

Erkenne, dass du über diese Ausstrahlung deines Lichtes, die Dinge in deinen festgefahrenen Lebenssituationen verändern kannst.

Siehe, dass es immer wieder nur darum geht, die sich im Äußeren darstellenden Problematiken und Schwierigkeiten die einzelne Menschen und Situationen für dich darstellen, auf dich selbst zu beziehen.

Deine Schwierigkeiten sind in Wirklichkeit etwas, was in dir selbst im Unbewussten wirkt, und sich im Äußeren disharmonisch darstellt. Es gilt nun dieses unbewusst da seiende zu akzeptieren und so kannst du durch diese Akzeptanz diese Problematik erkennen und lösen.

Es gilt nun zu erkennen, dass du allein durch diese Erkenntnis, was da in dir unbewusst schwelt, eine Veränderung, ein Neuwerden, in deinem Leben hervorrufen kannst.

Wenn du wirklich ernsthaft daran gehst, das was unbewusst ist in dir ins Bewusstsein zu heben, dann bist du mehr und mehr in der Lage wirklichen Frieden in dir zu fühlen. Es ist das Gefühl zuhause angekommen zu sein. Und diese Energie des Gartens „Eden", der Kraft aus diesem Bewusstsein erfüllt dich und dein Leben. Es gestaltet für dich dein Leben, führt dich und dein Leben in das wirkliche Licht des Glücks in dir.

Fühle diese Kraft der Göttlichkeit in dir erwachend, immer stärker werden, dich emporhebend in unvorstellbar lichte Sphären.

Fühle, wie dein Bewusstsein nicht mehr dein Bewusstsein ist, sondern das allumfassende Bewusstsein des Kosmos, einer lichten und strahlenden Dimension in diesem Kosmos - Wie du über den weiten und bewussten Vorgang deines Atmen, das sich wie die Wogen des Meeres vollzieht, eins wirst mit all den unterschiedlichen energetischen Strömungen,

— wie du erkennst, wie alles sich durchdringt,
— wie es nichts Trennendes mehr gibt,
— wie eine Energieform in die andere Energieform übergeht.
— ein Licht in das andere.

Trotz dieses schwingenden, klingenden, sich bewegenden immer ineinander Übergehens, fühlst du dennoch die Stabilität und die Sicherheit dieses Vorgangs, fühlst du dein wahres Sein.

Dieses Gefühl deines Seins wird immer sicherer, immer stabiler und immer mehr und mehr wagst du dich, in unbegrenztere Sein hineinzubegeben und du erkennst, dass dieses Sein eine neue gefühlsmäßige, aus der heraus du dich mit neuen Einstellungen und Sichtweisen dich selbst als neues Wesen gebären kannst.

Weit entfernt bist du nun von dem Raum der Dunkelheit, der gleichzeitig der Raum des Lichtes ist.

Weit entfernt bist du vom Tempel, von diesem Ort inmitten der Berge. Weit entfernt vom Stand des Meeres. Zeit und Raum haben ihre Bedeutung für dich verloren.

Lass es geschehen, dich in der Nähe des All-Umfassenden zu befinden. Fühle die Ehrfurcht, die dich erfüllt. Fühle die Stille.

Fühle, dass dein Atmen das Atmen des Universums ist.

Konzentriere all deine Aufmerksamkeit darauf.

Atme den Atem des Universums und erkenne!

Erkenne in diesem Augenblick, dass du aus diesem Universum geboren wurdest, dass dein Bewusstsein aus diesem Universum stammt.

Nimm die Botschaft des Lichts mit dir.

Es ist eine geheime unbegreifliche Botschaft, die in der Mitte deines Herzens ruht, nicht in Worte zu fassen und keinem anderen Menschen mitteilbar.

Aber diese Botschaft trägst du in dir!

Atme ganz weit, atme ganz tief. Fühle die Kraft, die dich umgibt, und sei bereit, dich mit der Kraft zu verbinden. Erkenne, dass die Kraft in dir die Kraft ist, welche die Kraft des Kosmos, des „Allumfassenden" darstellt.

Es ist Licht, es ist Liebe!

Es ist etwas, was weit über die beiden Bezeichnungen hinausgeht. Sei bereit und sei offen, es anzunehmen, um dich transformieren zu lassen. Gib dich einfach hin an die Kraft deiner inneren neuen Dimension, an die Kraft eines neuen Seins. Hingabe ist das Kriterium, deine Bereitschaft zum Loslassen. Es geht um deine Bereitschaft bereit zu sein, das Alte loszulassen, um das Neue, das du noch nicht kennst in dein Leben einfließen zu lassen.

Solange du nur begrenzte Vorstellungen über dein Leben hast, bist du nicht in der Lage, dir das Neue vorzustellen, es zu fühlen, es in dir zu zulassen, und bist daher auch nicht imstande, es in Empfang zu nehmen,

So ist es auch mit deinem Heil sein, mit deinem Ganz-sein, mit deinem, in der Göttlichkeit in Verbindung sein. Noch bist du nicht imstande, es dir ganz aus deinem Innersten vorstellen zu können, dass es so etwas gibt und dennoch, ist es so.

Der Weg zu deinem Heilsein erscheint dir im Moment gepflastert mit all deinen Erlebnissen, deinen Schmerzen, deinen Frustrationen, deiner Trauer, deines Kummers und ist gesäumt von deinen Enttäuschungen. Erkenne jetzt diese „Via Dolorosa ", diesen Pfad des Schmerzes.
Erkenne das Tragen deines Kreuzes, an das du dich gefesselt fühlst, an dem du schlussendlich sterben musst. Aber dein Sterben, gefesselt an dieses alte Kreuz, ist in Wirklichkeit das Sterben deines alten Bewusstseins, das sich materiell eingeschränkt und rein körperlich sieht.
Es hält sich für ausgeliefert an ein unkalkulierbares Risiko, eines sich angeblich unberechenbar darstellenden Lebens, voller Schmerzen und Leid. Das waren augenscheinlich die Erfahrungen deiner Vergangenheit.

Das neue Kreuz deines Lebens jedoch ist jedoch ein Symbol der Auferstehung. Mit seinen beiden horizontalen Kreuzbalken ist es wie ein Ausbreiten deiner Arme.

Es ist die Aufforderung für dich, das Leben willkommen zu heißen. Deine Auferstehung ist ein Lichtwerden, ist ein Aufgehen in den Himmel deines Seins, ein Aufgehen in das Licht deines Bewusstseins. Atme die Kraft, die dich zur Auferstehung befähigt und atme ein die Kraft der Verwandlung in dir.

Spüre, sieh und fühle dich als den „Phönix aus der Asche".

Gehe nun wieder über deinen Atem hinein in deine Körperlichkeit, um deinen Heilungsvorgang ganz bewusst in Gang zu setzen. Geh hinein, wo du einen Schmerz empfindest, oder wo du gelegentlich vielleicht bisher Schmerzen seelischer oder körperlicher Art empfunden hast. Rufe dir diese Schmerzen mit den dazu gehörenden Erlebnisbildern wieder in Erinnerung und höre hinein in die innere Weite oder in die Intuition deines Herzens. Gib diesem Schmerz und den damit verbundenen Bildern sprichwörtlich viel Raum und fühle tief in dir:

Was will dieser Schmerz dir sagen?

Frage deinen Schmerz, atme dort hinein, wo du ihn empfindest. Er soll dir persönlich erzählen, warum er sich so darstellt, woher diese deine Angst kommt, und was du tun kannst, um dich von dieser deiner Angst zu erlösen und damit von deinem Schmerz. Gib all diesen auftauchenden Gefühlen Raum zur Entfaltung. Beobachte und werte nicht, beobachte nur und fühle. Nimm diese konkreten schmerzenden Situationen deines Lebens und hinterfrage sie. Höre die Antwort und sieh die zugehörigen Bilder dazu aus deinem Inneren aufsteigen.

Fühlst nicht schon bald, wie sich die angenehme heilende Wärme deines Einverständnisses in deinem Bauchbereich auszubreiten beginnt?

Erkenne, dass hinter jedem Schmerz eine Lebensverneinung steht, etwas, was du nicht akzeptieren kannst? Geh hinein in deine Zellstruktur deines Körpers, in dein schmerzendes Organ oder in das Bild deines seelischen Schmerzes, und erkenne das „Nein", es nicht annehmen können.

Registriere in deiner Körperlichkeit die Stellen, die mit diesen kleinen „Neins" übersät sind. Registriere diese Stelle da und registriere ähnliche Stellen dort. „Nein" zu der Situation und „Nein" zu jenen.

„Nein" zu dieser Konfrontation und „Nein" zu jener. Hinterfrage das „Nein". Weil du dich überfordert glaubst, weil du glaubst der Konfrontation nicht gewachsen zu sein, die Veränderung nicht durchführen zu können, weil, weil, ...

Tausend Gründe, es nicht zu tun, oder weil du zurzeit keine Möglichkeiten erkennen kannst, es dir zurzeit an Vertrauen mangelt, dich einfach blind, scheinbar blind in diese Situation hinein zu wagen.

„Nein, nein, abermals Nein!"

Nun erkenne, wie aus diesen „Neins" heraus, über dein Zellbewusstsein hinein, in deine Organe, wie über diese Blockaden, Einschränkungen und Verengungen, Schmerz durch diese Neins entstehen. Ein Schmerz, der dich grundsätzlich nur darauf aufmerksam macht, dass es sich hier in diesem Bereich deiner Körperlichkeit entsprechend der energetischen Symbolik, im Sinne der Spiegelung, um Verneinungen handelt.

Jede Darstellung, die du aus der Tradition heraus als Krankheit bezeichnest, ist in Wirklichkeit nicht anderes als eine Verneinung einer Erfahrung, gegenüber einer Situation, gegenüber deinem Höheren Selbst. Überprüfe, wo du durch deine Fehleinstellung deiner Gedanken und die damit verbundenen Muster dich seelisch vergiftet hast. Du hast Schmerzen erlitten, weil du offensichtlich deine Lernsituation falsch interpretiert hast. Du wolltest sie nicht durchschauen.

Beispiel:

Wenn du dir einmal einen Schlag aus der Steckdose geholt hast, greifst du auch dort nicht mehr in dieser Weise hinein, dass du dich erneut verletzt. Du hast gelernt den Schmerz zu vermeiden. Du bist doch dann irgendwie dankbar für die Erfahrung, die du machen konntest. Oder hasst du jetzt in deiner Einstellung jede Steckdose?

Es sind also Einstellungen bzw. Fremdprogrammierungen aus deiner Kindheit, die dir offensichtlich nicht nur seelisch, sondern auch körperlich Schmerzen bereiten. Du glaubst außerdem zurzeit sehr viele Problematiken zu haben, dabei hast du nur Situationen, ganz einfach zu lösende Situationen. Aber du empfindest diese als Problematik und deshalb als Schläge des Schicksals z.B. auf deinem Rücken, in deinen Organen. Sie wollen dir nur sagen, wie eingebunden und paralysiert du dich in deinen Situationen empfindest.

Aber warum, was erschreckt dich so, was lähmt dich?
Ist es nicht der Mangel an Kraft in dir?
Ist es nicht der Mangel an Vertrauen, dieser Mangel an Offenheit, der diese Schmerzen hervorruft?

Bist du nicht bereit als Partner des All-Umfassenden zu sagen:

„Schöpfer allen Seins, deine Absicht geschehe,
deine Absicht ist auch meine".

Breite die Arme aus und atme dieses Licht und empfange die Geschenke, die es dir überreichen will. Gott lässt dich doch nicht leiden, um dich zu bestrafen oder zu prügeln. Er lässt dich in Übereinstimmung mit dir Erfahrungen der Erkenntnis machen, damit du seine Güte und die allumfassende Liebe in Empfang nimmst. Öffnest du dich nicht gerne vor dem was du liebst, um zu zeigen, dass du es anerkennst? Stellst du die Liebe zu dir nicht höher, als dein persönliches Begehren. Ist das nicht der Ausdruck deiner sich nach oben öffnenden Hände?

Fühle ganz tief in dich hinein und „knie" innerlich nieder vor dem Altar seiner Liebe, und stelle diese Liebe zum All-Umfassenden höher als deine Bedürftigkeit.

Damit kämpfst du nicht gegen deinen Schmerz und Krankheit, sondern du stärkst deine Gesundheit. Du verstärkst nicht den Mangel sondern förderst das Hohe Bewusstsein in dir.

Atme und fühle die Magie dieser Kraft, die es in dir bewusst werden lassen möchte, dass auch du, so wie alles in dir der Liebe dient. Atme die heilende Kraft dieser Erkenntnis ein. Fühle dich darin ein, werde ganz weit, öffne dich, spüre hinein in dein Herz.

Nun registriere das unwiderstehliche Lächeln, das sich auf deinen Lippen darstellt und erkenne die Übereinstimmung zu diesem kosmischen Lächeln des All-Umfassenden in dir. Und so lächelt Gott durch dich, lächelt die Liebe der Göttlichkeit durch dich. Und wenn du jetzt in deine Zellen hineinfühlst, erkennst du ein „ JA".

Ein „Ja" zu deinem Leben, ein „Ja" zu deinen Situationen, ein "Ja" zu all deinen Schwierigkeiten. Erkennst du, dass all das gut gewesen ist für dich und, dass du immer zumindest auf der höheren Ebene deines Selbst dafür gewesen bist?

Verbinde dich mit deinem höchsten Ich, dem Licht in dir. Verbinde dich mit Gott in dir.

Nun atme und lasse diese Ja's, lasse diese Zustimmung, lasse diese Offenheit in deinem Körper, einen energetischen Heilungstanz beginnen.

Spüre diese energetische Rotation des Lichts in dieser Liebes-energie:

Ein „Ja" zur Liebe, ein „Ja" zum Weg, ein „Ja" zu dir, ein „Ja" zu deinen Situationen, ein „Ja" zu deinen Symptomen, ein „Ja" zu deinem Körper, ein „Ja" zu deinen Bedürfnissen, ein „Ja" zu deinen Schmerzen, zu deinem Leid, zu deiner Trauer und all dem was gewesen ist.

Du willst es noch konkreter bearbeiten, bitte schön:

Erinnere dich in deinem meditativen Offenheit, und hole dir nach und nach jede Situation ins Gedächtnis, die dir den vermeintlich unendlichen Schmerz bereitet hat. Rufe sie dir nach und nach in dein Bewusstsein. Schau sie dir alle an. Gib ihnen und den damit verbundenen Gefühlen Raum, viel Raum zum Ausbreiten in deinem Körper und über deine körperlichen Grenzen hinaus. Schau sie nur an, aber „Verurteile und bewerte sie nicht!"

Fühle und gestatte dir die Entfaltung des Schmerzes, der Angst, der Unsicherheit, der Enttäuschung, dein Allein- Sein. Spüre mit aller Intensität deines Herzens. Dann gib dein „Ja!", dein überzeugendes „Ja" aus dem Herzen in diese Situationen:

„ Ja, all das war und bin ich. Alles entstand durch mich, ich war die einzige Ursache dieses Schmerzes".

Dann spüre, wie es langsam auflöst, sich lichtet über die Wärme, die du im Bereich deines Solarplexus, in deinem Bauch verspürst. Es ist dieses „Durchlichten", das dich dann über die Tiefe deiner geistigen Arbeit in dein „Heil- Sein" bringt

Sieh dich nun wie ein Sämann, der über den Acker schreitet und seine Ja's aussät – und sieh wie aus diesen Ja's die Saat aufgeht und es in deinem Leben, in deinem Bewusstsein, auf dem Acker deines Bewusstseins zu grünen beginnt. Wie es sprießt, wie es grünt, wie es wächst, wie die Saat aufgeht, die Saat deiner Ja's, deiner Ja's zum Leben, zu dir.

Gehe ganz tief in dich hinein, ganz tief in deine Zellen, erkenne, dass jede Zelle in dir ein Bewusstsein hat, das in dir wirkt. Genau dort, im Bereich deines Zellbewusst-seins, in deiner Zelle, eliminiere diese „Neins" durch dein Licht, durch deine Ja's, was dich zur Gesundung führt.

Geh ganz tief hinein und erlöse dein „Nein" durch ein „Ja".

Sieh vor deinem geistigen Auge, wie nun auch aus deinen Händen dieses „Ja" ausstrahlt. Betrachte diese Hände, schau in deren Handinnenflächen und versöhne dich mit dir selbst und sage zu dir:

"Ja" - auch das war ich"! „Es hat mir gedient in meiner Entwicklung zur Selbst- Erkenntnis"

dann liegst du richtig!

Sieh diese Hände innerhalb deiner Körperlichkeit, wie in einem Kosmos. Wie Sternenstaub strahlt nun diese heilende Energie aus deinen Händen, hinein in deine Körperlichkeit, unwiderstehlich alles durchdringend für Heilung in dir und aus dir.

Geh hinein in die Stille deines Seins. Geh hinein in die Empfindung der Göttlichkeit in dir.

Fühle und empfinde es tief in dir durch deinen weiten und behutsamen Atem.

Erkenne, dass dein „Heil-Sein" aus deinem Bewusstsein kommt. „Heil-Sein" heißt einverstanden sein, mit sich selbst und dem was an Lebensdarstellungen und Situationen um dich herum existiert. Wenn du dich also nicht heil empfindest, bist du mit deinem Leben nicht einverstanden. Vor allem, wenn du noch nicht erkannt hast, was deine Krankheit, deine Schmerzen dir sagen wollen bzw. warum diese in deinem Leben sind. Dann bist du nicht heil. Dein Körper ist nicht gesund.

Atme diese Erkenntnis ein, fühle sie, und versuche diese Erkenntnis mit deinem offenen Herzen zu erfassen.

Die Gesundheit deines Körpers, die Schmerzfreiheit hängt unmittelbar damit zusammen, dass sich dein Inneres, dein Gemüt, dein Fühlen als konfliktfrei empfindet und geliebt fühlt!

Fühle es tief in dir, und versuche dir diese Liebe, aus Sternenlicht gebildet, vorzustellen. Atme diese Liebe ein, atme dieses Licht ein über ein weites und offenes Atmen.

Öffne Dein Bewusstsein. Atme dieses Wort „Ich bin es wert geliebt zu werden" in Großbuchstaben aus Sternenlicht gebildet in die Mitte deines Bauchraumes ein. Es kommt dabei, wie bei jeder Übung, immer auf die Hingabe und das innere Vertrauen an. Du wirst dann die Erfahrung machen, dass es ganz einfach ist, sich geliebt zu fühlen.

Du kannst ganz grundsätzlich einfach heil werden, über dieses Gefühl der Liebe zu dir.

Wenn du es beginnst zu fühlen und innerlich dazu bereit bist, dann wirst du auch fähig, dieses „Heil-Sein" auszustrahlen.

Dann nämlich, gemäß dem Resonanzgesetz „Wie innen so außen" gerätst du nur in Situationen, wo du dich dann geliebt fühlen kannst bzw. sich diese äußere Situation deines Lebens auch als heil darstellen kann. Dann bist du auch Heiler aus deinem Sein, aus deinem Bewusstsein. Du wirst zum Meister deines Lebens. Wie heißt es so schön:

„Dein Glaube hat dir geholfen".

Erlaube dir wieder über dein Atmen den Übergang in diese neue Qualität deines Seins.

Das heißt auch, die Bereitschaft aufzubringen, all das Gewesene dabei loszulassen, nicht daran zu hängen, was weh tat und schmerzte und wo angeblich die Schuld im Äußeren zu suchen ist. Es geht um das Vertrauen in Unbekanntes, in Neues hinein zu gehen.

Höre auf deine Bewusstseinsenergie weiterhin der Vergangenheit zu schenken. Begrenze dich nicht länger in den menschlichen Vorstellungen der Bedürftigkeit im Sinne von:

„Ich brauche es, weil ...". Dies ist dann nicht mehr notwendig.

Eng verbunden mit deinem Heil-Sein ist die Fragestellung aus der Bibel:

Wie kommt das Kamel der Bibel durch das Nadelöhr?

Dies ist natürlich nicht wörtlich zu nehmen! Erkenne die Bedeutung dieser Symbolik! Wenn du voll beladen bist mit Sorgen, Unsicherheit und mit dir nicht einverstanden bist, dich ablehnst, dann wirst du nicht in das Bewusstsein des Heilseins kommen.

Sei grundsätzlich einmal bereit, dein Kamel, dein Bewusstsein zu entlasten, ihm die Lasten vom Buckel abzunehmen, um unbelastet von deinem begrenzten, kritischen, kleinkarierten Verstand mit all seinen zwanghaften Mustern und Vorstellungen in dieses neue Bewusstsein hineinzugehen.

Du befreist dich so von alten Zwängen und Vorstellungen, die abfallen, durch das Einatmen des Lichtes, der Göttlichkeit in dir.

Dieses All-Umfassende möchte dich bereitmachen für eine neue Qualität deiner Persönlichkeit, in ein neues Bewusstsein zu gehen. Atme und fühle dein „Einverstanden-Sein".

Atme ganz weit und fühle wie du dich veränderst. Fühle, wie du in diesem Augenblick von innen heraus lichter und lichter wirst und das Wunder der Verwandlung sich vollzieht. Atme dieses Wunder ein.

Siehe und erkenne, dass diese nach wie vor vorhandenen Vorstellungen deines Verstandes Ängste, Unsicherheiten und Schwierigkeiten verursachen. Solange dieses dich belastet, wirst du dir nicht bewusst!

Solange du dich müde und erschöpft empfindest, trägst du natürlich noch belastende Gefühle und Gedanken noch in dir.

Wie kannst du diese unbewussten, dich belastenden Muster, Dinge erkennen, an sie herankommen, um sie dir bewusst werden zu lassen, um dich davon zu befreien?

Auch hier wieder der Vorschlag, der so einfach ist, dass es dein kleiner Verstand nicht fassen kann und seinen Rücktritt einreichen sollte, um eine nur beobachtende Position einzunehmen:

Atme ganz global, in rosa Licht in das erleuchtete Innere deines Herzens, was dich aus vergangenen Bildern und den dazugehörigen Gefühlen belastet:

Mach dein Herz ganz weit, fühle es tief in dir und akzeptiere es mit all den negativen Gefühlen, die es auslöst.

Sei grundsätzlich einverstanden damit!

Es muss sich nicht bewusst formal darstellen, um erlösend eingeatmet zu werden. Die Ahnung und Offenheit dafür sind die Voraussetzungen um sich davon zu befreien.

Fühle es tief in dir, befreie dich, atme über deine bildhaften Vorstellungen die Menschen ein, die du liebst und auch die, die für dich von Bedeutung sind. Es ist dabei klar, dass es Menschen gibt, die du nicht liebst und die dich nicht lieben. Aber gerade deswegen sind sie ja doch für dich von Bedeutung.

Fühle es:

„Ich löse mich von diesen belastenden Mustern, ich befreie mich".

Denke, atme, fühle immer wieder wiederholend: „Ich atme mich frei", und dein weites Herz transformiert alles.

Mehr oder weniger parallel atme alles Belastende in Form von dunklen Rauchschwaden aus deinem Solarplexus aus und siehe, wie es sich im Licht auflöst.

Denke dabei: „Das Licht liebt mich, das Licht erlöst mich".

Lass es immer weiter schwingen, dieses:

„Das Licht liebt mich, das Licht erlöst mich,
All das Belastende erlöst sich aus meinem Leben."

Öffne dabei noch weiter dein Bewusstsein, indem du wieder in deine erhobenen Handinnenflächen blickst und dir immer wieder selbst sagst:

„Ich vergebe mir".

Dadurch kann das Licht noch stärker in jede deiner Zellen strömen. Fühle, empfinde dein Bewusstsein dabei immer lichter und strahlender werden. Lass es tief in dir wirken und fühle dein neues Leben, fühle deine innere Reinigung, fühle die Sicherheit, die sich mehr und mehr verstärkt.

Fühle das wachsende Gefühl der Geborgenheit in dir. Fühle die Liebe des Lichtes.

Siehe deinen Körper mehr und mehr lichter werden Empfinde, wie deine Zellen zu strahlen beginnen, sich dem Lichte öffnend, selbst zu Licht werdend. Erkenne auch, wie dein Bewusstsein sich dem Licht öffnet, sich der Erkenntnis öffnet, du selbst zur Erkenntnis wird. Und ein klares Bewusstsein manifestiert sich in der Klarheit und Offenheit deiner Körperlichkeit.

Im Heil- Sein bist du heil im Gefühl, jeder Herausforderung deines Lebens gewachsen zu sein.

Sei ganz weit. Sei ganz offen für dieses Gefühl jeder Situation, jeder Herausforderung gewachsen zu sein.

„Ich bin stärker, als jede Herausforderung, die noch zu mir kommen kann. Ich bin stärker, als jede meiner Lebenssituationen, ... immer ..."

Lass es tief in dir wirken. Atme das Licht, die Harmonie - atme die Kraft, die sich in deinem Körper manifestiert.

Atme und fühle es, dein neues Sein, dein neues Bewusstsein.

Dein Heilungsgebet

„Allmächtiger Schöpfer allen Seins, der du bist wie im Himmel,
wie auch in meinem Herzen. Dein Licht leuchte in meinem Herzen.
Lass mich Kanal sein für das strahlende Licht der Weisheit.
Lass mich Kanal sein für das strahlende Licht der Liebe.
Dein Licht heile meinen Schmerz, meine Trauer und meine Einsamkeit.
Schöpfer allen Seins, der du bist, so will auch ich sein, wie das Licht
der Liebe, nicht nur in meinem Leben, sondern ausstrahlend auch im
Leben meines Seins.

Schöpfer allen Seins, Hohes Selbst in mir, gib mir die Kraft zu erkennen,
dass ich selbst diese Kraft bin, gib mir das Licht zu erkenne, dass ich
dieses Licht bin, gib mir die Liebe, um zu erkennen, dass ich diese Liebe
bin.

Schöpfer allen Seins, der du bist, öffne in meinem Herzen die Bereitschaft,
dein Licht, deine Liebe und Weisheit anzunehmen.
Berühre meinen Schmerz und heile ihn.
Berühre meine Trauer und heile sie.
Berühre meine Einsamkeit und befreie mich.
Befreie mich von allem belastenden emotionalen Energien und Mustern.
Befreie mich endgültig!

Der Eine liebt uns, weil er sich liebt! Ich selbst bin das Licht, die Kraft und
die Wahrheit seines Seins. Ich bin die goldene Morgensonne in meinem
Herzen. Ich selbst erleuchte mein Bewusstsein.“

Und so erwacht Gott in deinem Herzen. Dein Brustraum fühlt sich
erstrahlt von innen, erfüllt von klarem goldenen Leuchten.

Es ist ein Gefühl, als sei die Sonne in dir aufgegangen.

Du fühlst dich mit dem „All-Einen" verschmolzen, eingetaucht in die
unendlichen Weite deines Seins, wo du schon immer mit deinem
wahren göttlichen Selbst verbunden bist und warst.

Mit dem oben Gesagten hast du jetzt die Grundvoraussetzungen um dich jetzt von den Mustern zu lösen, die dich gehindert haben, den Weg deines Glücks gehen zu können. Erkenne auch, wie durch bewusstes Atmen Probleme gelöst werden ohne den begrenzten Verstand, den Intellekt. Erforderlich ist dabei nur eine grundsätzliche Offenheit und Bereitschaft des Annehmens. Das Ritual, über den Atem nach innen zu gehen, ist das verbindende Element, um den Kontakt mit deinem Inneren zu finden. Solange du dein Leben mit deinen gelebten und erfahrenen Mustern der Vergangenheit nicht annehmen und dir und anderen für Erlittenes nicht verzeihen kannst, bist und wirst du nicht in der Lage glücklich sein zu können. Du hast in deiner Bedürftigkeit, die meist immer einen Schuldigen im Außen sucht, keine Kapazität dafür. Und um die Erweiterung deiner Kapazität geht es bei den nachfolgenden „Mantra–Heilungen".

Was sind nun Mantren?

Mantren sind energiegeladene Worte, energiegeladene Wortformen, somit Symbole einer bestimmten psychischen Energie. Mantras sind gesprochene, oft sich wiederholende Symbolbilder, die es dir ermöglichen psychische Energie in Fluss zu bringen.

Über den begrenzten Verstand mit seinem oberflächlichen positiven Denken, wäre es sehr schwer möglich mit diesen starken, dich ständig umgebenden und prägenden Energien zu arbeiten.

Diese psychischen Energien können gesteuert bzw. für heilende Prozesse in Fluss gebracht werden, durch aus dem Herzen kommende ständige Wiederholung von damit verbundenen Worten oder Sätzen, sowie durch die Visualisation dazugehörender Symbole.

Diese „Schaltsymbole bzw. Schaltwörter" sind dann in der Lage, dich mehr und mehr an deinen Problemen emotional zu berühren und darin harmonisierend zu wirken.

Mantren spielen so eine gewichtige Rolle bei der Umwandlung bzw. Transformation eines Bewusstseins hinsichtlich seiner Erweiterung und deiner damit verbundenen qualitativ besseren empfundenen und wahrgenommenen Realität im Äußeren.

Lass dabei Erkenntnis zu, von einem ungeheuren Meer an psychischer Energie umgeben zu sein und du selbst aus dieser Energie bestehst. Es ist wie bei einem Fisch im Wasser, der das Wasser atmet, aber selbst das Wasser nicht wahrnehmen kann, das ihn umgibt und nährt). Es ist so wie bei einem See, der aus Wasser besteht und du die gefrorenen Eiswürfel darin darstellst. Es ist beides dasselbe, nur in anderer Form.

Erkenne aber gleichzeitig daraus, dass du, wenn du selbst diese körperlose Energie sein möchtest, quasi körperlos sein müsstest. Aber wenn du wie der Fisch bist, der sich nur körperlich empfindet, besitzt du nur ein Körperbewusstsein und was dir dann zum Beispiel Schmerzen macht, ist ein Empfinden auf der körperlichen Ebene.

Eine Veränderung bezüglich der Bewusstheit deiner Körperlichkeit, wo es gilt sich mehr selbst als eine psychische Energie zu spüren, verändert aber auch die Möglichkeit Schmerz zu empfinden.

War das alte Bewusstsein körperorientiert, was heißt „Ich bin ein Körper", kannst du durch Arbeiten mit Mantren die Erfahrung machen, ein neues Bewusstsein kennen zu lernen, das sich als „Energie" empfinden kann. Dieses energetische Bewusstsein war schon von Anfang an da, nur hast du es dir unter anderem auch körperlich manifestiert, also eingefroren.

Gedanken, Worte und visualisierte Symbole produzieren nun Strukturen psychischer Energie, die zur Verwirklichung drängen.

Wenn du nun Mantren, sowie Gedanken oder Symbole oft genug laut sprichst, denkst und visualisierst, wird dies in jedem Fall ein psychisches Resultat in deinem Leben hervorrufen.

Das bedeutet im Klartext:

Fühlst du dich überlastet, den Herausforderungen deiner Lebenssituationen besonders in deinen Vorstellungen nicht gewachsen, so manifestiert sich dieses Bewusstsein wie ein Spiegel in deiner Körperlichkeit. Es manifestiert sich zum Beispiel in genau diesen körperlich manifestierten symbolträchtigen Körperteilen, die es dir über ihre Darstellung als Krankheit im Sinne der Körpersprache bewusst machen will.

Nimm z.B. die Wirbelsäule, die dich trägt. Warum heißt diese Säule Wirbelsäule?

Weil sie aus einzelnen Wirbeln besteht!

Was ist ein Wirbel in deinem Leben?

Ein Wirbel ist eine kleinere Katastrophe in deinem Leben, eine Krise. Die vielen Krisen tragen deinen Kopf, tragen dein höchstes Bewusstsein. Ein Schmerz, eine Blockade im Bereich dieser Krisen, in diesen Wirbeln bedeutet dass du, eine Krise, symbolisiert durch diesen betreffenden Wirbel nicht bearbeitet, nicht verstanden und somit auch nicht angenommen hast. Du warst damit nicht einverstanden sein, dass diese Krise, ein Bewusstwerdungsprozess des Erkennens ist und eine Änderung deiner Einstellung zu deinen Lebenssituationen verlangt oder auch die „Not-Wendigkeit" einer aktiven Veränderung signalisieren möchte.

Es gilt hier also grundsätzlich zu akzeptieren, dass dein Schmerz nicht grundsätzlich und isoliert als ein Schmerz deiner Körperlichkeit zu betrachten ist. Er ist entgegen den herkömmlichen organischen Erklärungen der Medizin nicht etwas getrenntes materielles, sondern er ist ein Schmerz deines seelischen Bewusstseins. Deine Seele signalisiert dir, im Grunde von den emotionalen Strapazen überfordert, durch die Verursachung eines körperlichen Schmerzes die Notwendigkeit einer Einstellungsänderung zu deinem Leben.

Akzeptiere all deine seelischen Schmerzen nun jetzt erst einmal über eine Rückzugsphase, um sie dir über den Vorgang des Einatmens bewusst zu machen.

Nun gilt es einverstanden zu sein mit diesen belastenden Situationen. Dies geht über den Vorgang des ruhigen Atems und einer Innenschau, die dir belastende Gefühle und die zu ändernden Situationen bewusst werden lassen. So erfasst du die Essenz, den Hintergrund deiner Situationen, das krankmachende energetische Einstellungsmuster zu deinem Leben. Dann geh nun ganz bewusst von einem speziellen Symptom von einer ganz speziellen Darstellung deiner Körperlichkeit oder Lebenssituation aus, und fühle dich darin ein und lass all die damit verbundenen Gefühle und Bilder zu. Es muss sich nicht ganz konkret manifestieren, aber registriere, dass du eine intuitive Ahnung hast, was ganz global dahintersteht.

Atme ruhig - und dann gehe zum ersten Mantra deiner Heilung!

Das erste Symbolmantra deiner Heilung
Das Mantra der Rose
„Ich bin eine Rosenknospe - Ich bin bereit mich zu öffnen"

Siehe das Bild einer leuchtend roten Rosenknospe.

Sieh oder stell dir, vor wie du nach innen schauend, in deiner Phantasie eine Rosenknospe zeichnest, oder wie diese als Bild aus der Weite deines Bauchraums auftaucht.
Erkenne, die Rosenknospe ist die Verheißung der Rose. Lass dir aus deinem Unbewussten ruhig verschiedene Rosenknospen zeigen.

Vielleicht sind sie noch ganz fest verschlossen und grün. Aber sie öffnen sich bereits ein wenig. Noch sind es aber z. B. weiße oder rosarote Knospen. Und genau das steht hinter deinem Leid, deinem Schmerz. Du hast dich nämlich noch nicht zu deiner wahren Kapazität geöffnet.

Und jetzt bist du nun bereit, dieses Mantra, diese Symbolenergie der Rose in die Situationen, die hinter deinem Schmerz stehen einzubringen. Sieh nun die Rosenknospe.

Bringe in diese Lebenssituation die Energie der Rosenknospe ein, wie ein Zauberer, ein Magier, der ein zartes durchsichtiges Tuch über diese wirft und lasse nun in deinem Geiste diese Knospe erblühen. Fühle die Behutsamkeit und das Zögern wie ein Blütenblatt nach dem anderen sich öffnet.

Dann atme visualisierend die Energie der sich öffnenden Rosenknospe mit der Betonung der roten Farbe in das Symptom einer körperlichen Symptomatik ein:

Eine sich öffnende Rosenknospe in den Bereich deines Rückens, der Nieren, des Kopfes, Hüfte, Gelenke etc usw. Fühle dabei das sich entfaltende neue Bewusstseinsgefühl.

Fühle und empfinde wie auf der einen Seite die Energie bereits wieder zu fließen beginnt, während du auf der anderen Seite den Schmerz noch empfindest.

Aber es ist ein „Noch- Schmerz", aber weil du ihn so lieb gewonnen hast, hältst du ihn noch fest.

Sei dir dessen bewusst, du hast ihn so lieb gewonnen, dass du ihn, und das ist für den Verstand so schwer zu begreifen, noch nicht hergeben willst.

Atme nun in dieses Programm des „Unglücklich seins" die Energie des Mantras der sich öffnenden Rose ein und fühle, wie sich der Schmerz sich Stück für Stück der Erlösung öffnet.

All dies wird unterstützt über die zarte Energie deines Atmens und du hörst dich sprechen „Ich bin eine Rosenknospe" – So öffnest du dich dem Schmerz, der dahintersteht und bringst ihn so zum verschwinden.

Sieh dieses Symbolmantra in Verbindung mit deinem körperlich orientierten Bewusstsein:

„Ich bin eine sich öffnende Rose. Ich nehme das Leben an".

Diese Kraft, die dadurch im Beckenbereich energetisch spürbar wird, gibt dir dann heilend Geborgenheit und Sicherheit. Du öffnest dich deiner Körperlichkeit und kannst dort empfinden wie dir aus diesem Bereich das Licht zuströmt, den Bereich deines Beckens erfüllend, heilend und harmonisierend.

Und von dort steigt es auf über deine Wirbelsäule, all die Blockaden, all die Last transformierend und fließt hinein bis in den Bereich deines Schädels, wo du dort die deutliche Empfindung spüren kannst, dass „Gott" in dir zu diesem Vorgang „ja" sagt.

Und „Er/Sie/Es", das Allumfassende spricht vielleicht:

„Lerne zu erkennen, dass deine Liebe zu dir im Sinne deines Heil-werdens, dorthin zu richten ist, wo du am meisten bis jetzt blockiert gewesen bist. Und dies ist der Bereich deiner vermeintlichen Dunkelheit, wo du geglaubt hast, von mir getrennt zu sein".

Erkenne nun aus den in dir aufsteigenden Bildern, womit du bis jetzt in deinem Leben nicht einverstanden warst oder was du disbezüglich nicht anschauen wolltest. Und wenn dir das eine oder andere Bild so dunkel, so sehnsuchtsvoll, so schmerzvoll erscheint, dann heile es mit der Mantraenergie des Bildes der sich entfaltenden Rose.

Bringe dieses Bild in diese Energie ein und fühle die Erlösung. Alles hängt nur von der Intensität deines Übens ab.

Sieh immer neue Bilder, lasse dabei auch immer neue Bilder zu, die schon lange in deinem Unterbewusstsein, in deiner dunklen Kammer des Vergessens schlummerten. Diese bist du nun bereit zu erlösen mit der Kraft, der sich entfaltenden Rose.
Nun heilst du dich über diese Bilder!

Du atmest diese Mantraenergie der Liebe, diese Rose, die erblüht, und legst sie wie eine heilende transparente Decke über deine schmerzvollen Situationen.

Fühle dabei dein „weiter und heiler" werden.

Fühle dabei die Kraft der Möglichkeiten, die du damit auf dich zukommen fühlst. Und du breitest so „deine Flügel aus", die dich in dein wirkliches Leben tragen.

Lass dies alles über dein weites und behutsames Atmen und innere Wiederholung geschehen. Sei bereit offen zu sein und fühle dass es gut ist, wie es geschieht.

Atme diese Sicherheit, fühle diese Sicherheit.

**„Ich bin eine erblühende Rosenknospe,
Ich bin bereit mich dem Leben zu öffnen".
Ich bin lebenswert!**

Siehe wie wichtig es ist, dies für dich zu erkennen.

Von Anfang an war das Wort: „Liebe" und du bist eingeladen, dich dieser Liebe zu dir öffnen, die Liebe zu erkennen in den Schwierigkeiten deines Lebens in all dem Trauer und Schmerz.

So wie sich auch die Rose aus der Dunkelheit der Erde entfaltet hat, dem Licht der Sonne entgegenwächst, sich weiter entfaltend, bist auch du eingeladen, aus dem im Dunkel deines Lebens heraus aufzublühen hin zum Glück, zum „Lichter-Sein" in all deinen Situationen.

Siehe dies ist das erste Mantra der Heilung:

**„Ich bin eine sich öffnende Rosenknospe,
Ich bin bereit mich dem Leben zu öffnen".**

Fühle, rezitiere und visualisiere immer wieder einatmend, das erste Mantra deiner Heilung.

In Bezug auf das „Eins-Sein" in deinem materiellen Sein wählst du nun ein Bild des Rechtecks/Quadrates.

Es ruht fest auf einer der Längsseiten als Symbol der Stabilität und Existenz in der Materie. Weiterhin siehst du in dieses Quadrat eingebunden ein Pentagramm.

Das bedeutet nun in der Symbolik, dass du dich im Symbol des Quadrates sowohl in der Materie empfindest, wie auch in der Spiritualität, durch das Symbol des Pentagramms symbolisiert. So gesehen, hat das materielle und das spirituelle Sein den gleichen Anfangs- und Endpunkt, und beinhaltet den Auftrag, immer von deiner Basis auszugehen - und das ist es, was man mit „in der Mitte" sein benennt.

Das materiell-körperliche Empfinden, als auch das „spirituell" sein, hat die gleiche emotionale und als gleichwertig zu anzusehende Ausgangsbasis. Du bist ein menschlich materiell Manifestiertes, wie auch als ein sich geistig, emotional sich empfinden könnendes Wesen.

Sieh dieses Symbol, diese Form vor deinem geistigen Auge und atme es erfüllt von der Farbe „Orange" ein.

**Das Quadrat als äußere Form,
das Pentagramm die innere Form!**

Wenn du dieses Bild so betrachtest, so erinnert es dich an einen sich geöffnet habenden Vorhang.

Durch das Dreieck der Geistigkeit, das Symbol. Deines, dich immateriell empfinden können, kannst du eintreten in das allerheiligste Geheimnis deiner Wesenheit. Erkenne das weitere darin verborgene Geheimnis im Sinnbild dieses sich geöffnet habenden Vorhangs.

Was bedeutet dieses „Atme es ein"?

In Wirklichkeit ist es wirklich nichts anderes als die Aufforderung dich mit dem „Einen", dem All- Umfassenden, das dich zu jederzeit umgibt, zu verbinden.

Es ist eine Aufforderung, das „Allumfassende", ungeteilt in dich aufzunehmen, es über dein Blut in jede Zelle deines Körpers strömen zu lassen.

Es bringt dir die Erkenntnis deiner Einheit, mit der du dich verbunden hast, mit dem was in Wirklichkeit ist, dem Unanschau-baren, Unangreifbaren, das sich nicht darstellen kann. Es sei denn in allem was ist. Du kannst Gott nicht personifizieren. Gott ist nicht die Sonne, Gott ist nicht das Dreieck oder ist das Auge, das Kreuz, die Kirche, der Papst, ist nicht ein Mensch. All das ist Gott nicht. Gott ist nicht das einzelne. Gott ist die Gesamtheit dieser Facetten, Gott ist alles, was ist. Er ist innen wie außen. Er ist aber jederzeit für dich da, wenn du ihn über deinen bewussten Atem, deine Offenheit in dich einströmen lässt.

Dein sanftes und behutsames Atmen aus der Mitte, deiner Stille unterstützt diese aufkeimende Verbindung in dir und mit seiner Hilfe lösen sich Probleme im Alltag wirklich auf. Sie werden auf die Dauer gesehen weicher, unproblematischer und diese Erfahrung lässt dich noch tiefer vertrauen in die Mitte deines Seins, durch ein neu gewonnenes Vertrauen zu deiner Führung aus dir heraus.

Fühle dich ein in dieses „Vertrauen können", in diese Hingabe. Mehr und mehr lernst du dann zu vertrauen. Über dein tiefes Atmen kannst du dich durch dein Vertrauen einprägen lassen. Dein Atem ist diese tragende Energie, ist das Vertrauen. Immer wenn du atmest, so vertraust du.

Dann schlägst du eine Brücke zu dem dir unvorstellbaren All-Umfassenden in dir.

Mit jedem Atemzug, der deinen Geist, die Seele, dein Gemüt und deinen Körper verbindet, erkennst du, dass du mehr und mehr in die Lage versetzt wirst, das nicht Erkennbare zu erkennen, zu spüren, zu sehen, zu fühlen.
Atme dieses Vertrauen, gehe hinein in diese energetische Empfindung, wie sich für dich über den erlebbaren Vorgang deines Atmens Vertrauen anfühlt:

**„Ich bin erfüllt von Vertrauen,
Ich bin erwünscht in meinem Leben".**

So besteht die Grundvoraussetzung, deines Heilseins und damit für ein harmonisches Leben, loslassen zu können.

Du lernst so deine Gedanken auszurichten auf diesen Mittelpunkt in dir, wo das All-Umfassende wohnt. Fühle dich ein und erkenne, dass du gleichsam, wie auf Wolken die Energie fühlst, die dich trägt, die dich umgibt.

Dies ist das Geheimnis deiner Transformation. Es ist dein Weg, dein Engel der dich wieder nach Hause trägt.

Er trägt dich hinein in dieses Zuhause, dieses Paradies nach dem du dich immer sehnst, in dem du aber immer gewesen ist. Du hast es vermeintlich nur verloren, weil du es immer im Außen gesucht hast.

So wirst du dich mehr und mehr in einem neuen Bewusstseinszustand erleben, je nachdem wie intensiv du in deiner Einstellung bereit bist, dies zu akzeptieren und dich damit anzunehmen:

Du bist ein Göttliches und an sich Zeitloses, das in der Zeit sich manifestiert hat, um Erfahrungen machen zu dürfen.

Atme so seine Kraft und fühle die Kraft. Stimme dich ein, fühle dich ein, sei offen. Du bist immer mit immer mit ihm verbunden.
Atem ist Leben und tiefer Atem ist tiefes Leben. Atem ist ein Geschenk der Göttlichkeit, das du dankbar annimmst und dir dein Leben ermöglicht.

Fühle dann diese aufkeimende Verbindung „Gott und nur Gott".

Das ist der Weg deines Herzens in der Energie deiner Gedanken, deiner Gefühle, deines Offenseins, deiner Akzeptanz. Mit dieser Ausrichtung auf „Gott, und nur Gott", gehst du in deine Mitte. Dann bist du offen, was du als Eingebung, Intuition, Führung, Gewissheit nennst.

Atme und fühle Leichtigkeit, Unbeschwertheit. Fühle deine offene Einstellung zum Leben als einen Teil deines geistigen Lebens, der voll in die Göttlichkeit integriert ist.

Siehe so das Licht!

Es ist in dir und verzweifle nicht, wenn dir im Äußeren die Sonne nicht scheint. Und wenn es auch im Äußeren stürmen und regnen sollte, bei dir zuhause in deinem Herzen brennt ein wärmendes Licht, Geborgenheit und Zärtlichkeit gebendes Feuer.

Atme es ein, lass dieses transformierende Bild in dir wirken, dieses wärmende Feuer in dir.
Sieh dieses grob dir erscheinende brennende Holz als ein Symbol deiner so groben und schweren Lebenssituation, die du scheinbar wirklich hast. Sieh auch die Möglichkeiten in deinem Leben, die dir vermeintlich so gering erscheinen.

Doch du hast immer auf das geschaut, was angeblich nicht möglich ist. Höre nun auf, dich und deine Gedanken auf die dich umgebenden Schwierigkeiten auszurichten.

Gehe öfters in dein Zentrum, fühle atmend die Essenz, die Idee, die Substanz, die Bedeutung deines Lebens.

Nimm die Essenz einer schwierigen Situation und untersuche diese auf ihre Bedeutung für dein Leben. Schau sie dir an, sieh was dahinter steht, was sie dir als Botschaft sagen will.

Fühle dich erneut tief in eine solche Situation ein und sei bereit daraus in deinem Bewusstsein die Essenz entstehen zulassen.

Atme erfühlend das Bewusstsein der Menschen ein, die mit dieser Essenz in Verbindung stehen. Erinnert dich dies nicht an einen Magier, der eine heilbringende Droge aus seinem Kupferkessel einatmet, als Essenz seiner oder Stärkung der anderen?

So ist dies dein Zaubertrank, der dich stark aus dir heraus sein lässt und du atmest den Geschmack ein, das Gefühl der Essenz.

Siehe dabei noch einmal das Mantra, das Quadrat und darin das Dreieck, Göttlichkeit in der Materie, die „Drei- Einheit" in der „Vier-Einheit".

Dies ist dabei das Zeichen deiner Göttlichkeit in der Materie, wo du lernen sollst, deine schwierigen Situationen durch deine Einstellung transformieren bzw. neu erschaffen zu können.

Hier ist die Botschaft deiner Einheit im Umgang mit den materiellen Dingen:

„Ich bin auch das Licht meiner Dunkelheit"

Und wenn du Dunkelheit gleichsetzt mit deiner Angst und Unsicherheit, die du als Essenz deiner Lebensproblematiken verspürst und betrachtest und dann dieses zweite Mantra durch dieses „Ich bin das Licht, die Botschaft der Freude und Sicherheit" ersetzt, fühlst du einen Springbrunnen in deinem Herzen entstehen.

Fontänen glückseliger Empfindungen, ein Glitzern und Funkeln und deine Aura schimmert und funkelt im Glanz deiner Freude.

Siehe, du selbst bist die Botschaft der Freude in deiner Angst, deiner Enge, deiner Traurigkeit und Depression.

Siehe und erkenne, dass erst in dieser Stille über dieses Mantra:

„Ich bin das Licht, die Botschaft der Freude und Sicherheit"

in dir, ein neues Bewusstsein entsteht.

Erkenne die Kraft der Magie dieses Augenblicks, den Zauber dieser Situation, die dir dieses mit Worten unbeschreibliche und mit dem Verstand nicht zu Erreichende zuströmen lässt.

Fühle, dass es nur um deine Offenheit geht und deine Bereitschaft es anzunehmen, dich damit zu identifizieren, dich damit gleich zu setzen, dich damit in Resonanz zu bringen, mitzuschwingen mit der Kraft des Universums, der Weite in dir. Atme die Kraft des Kosmos ein und fühle, wie über dieses Einatmen der Kraft des Kosmos, du mit allem was ist, in Verbindung kommst.

Spüre und erkenne wirklich nach einer Zeit des intensiven Übens:

Die Kraft des Lebens strömt durch dich!

Siehe und spüre in jeder Zelle deines Körpers erwacht ein neues Bewusstsein. Es erwacht das Bewusstsein des Universums in dir und wenn dieses Bewusstsein in dir erwacht ist und immer bewusster wird, so öffnen sich dir die Tore des Lebens, weil sich für dich die Tore des Himmels geöffnet haben.

Dies ist eine ganz wesentliche Übung und Voraussetzung um das erforderliche Vertrauen zu lernen. Ohne dieses erforderliche Selbst-vertrauen in dein Selbst wäre jede Anstrengung, über den Verstand deine Probleme in den Griff zu bekommen, völlig sinnlos. Du hättest nicht die Voraussetzungen es auch zu schaffen, deine Situationen zu überschauen. Genau aber um dieses „Schaffen" geht es.

Siehe es vor deinem geistigen Auge:

Über dein „Selbst – Vertrauen" kann ein neuer Morgen anbrechen. Es ist ein neuer Morgen voll der Freude. Der neue Morgen bricht die Dunkelheit, den Bann der Dunkelheit, den Bann der Düsternis, der Traurigkeit, der Depression. Der neue Morgen bricht an, erfüllt mit beglückender Erfüllung und Freude und neue Liebe tritt in dein Leben. Spüre es wieder über die Verbundenheit mit deinem Atem und fühle über diese Bilder die Kraft in dir.

Sieh vor deinem geistigen Auge, wie die Sonne aufgeht, wie ihre Strahlen die Dunkelheit der Nacht durchbrechen, wie der Himmel sich verfärbt und immer lichter wird, so wie dein Bewusstsein immer klarer und deutlicher seinen Sinn, sein eigenes freiwilliges Lebens-programm erkennen kann.

Es geht in Wirklichkeit darum, aus deinen Situationen heraus zu lernen, was eine Situation, mit der du konfrontiert bist, dir sagen will, um daraus die harmonische Führung deines Lebens zu lernen. Nimm für dich auch den Leitspruch mit:

Alles, was nicht funktioniert, dient der Qualitätsverbesserung, egal, ob es eine persönliche Beziehung ist oder eine berufliche Position - und du fühlst sehr wohl, welche Situationen nicht die richtigen für dich ist.

Du allein führst unbewusst, bewusst natürlich Schicksal herbei, damit du dich passiv befreist aus der Umklammerung von Situationen, die nicht mehr deine sind.

Also erkenne, dass du immer richtig handelst, dass du nicht versagen kannst, da du ja in Wirklichkeit ein Kind der Göttlichkeit bist. Und ein Kind der Göttlichkeit kann genauso wenig versagen, wie die Göttlichkeit an sich.

Daher ist jede sich darstellende Situation an sich vollkommen und dient der Erkenntnis, dass du unter allen Umständen doch göttlich bist und dass dir deine Situationen dies dir bewusst machen wollen. Sie wollen dir dabei behilflich sein, dich auf deinem Wege zu begleiten. Es geht darum zu erkennen, dass Gott immer bei dir ist. Darum geht es!

Es geht in Wirklichkeit darum, dass dir mehr und mehr bewusst wirst:

„In jeder Situation meines Lebens ist Gott bei mir.
In jeder Situation ist Göttlichkeit da und Vollkommenheit.
Ich bin immer im Himmel.
Ich wachse auch durch schwierigste Erfahrungen in meine neue Qualität".

Lass es dir bewusst werden, dass Gott dich liebt, dass Gott dich führt. Gott ist allezeit bei dir. Lass es allzeit geschehen. Sei nur offen es anzunehmen.

Wenn du bereit bist, diese innere Qualität zu erfahren, verringerst du so deine Bedürftigkeit, und vermehrst umgekehrt die Qualität deines Lebens.
So wirst du zum Ebenbild des Schöpfers. Du reagierst nicht mehr, sondern du selber bist und wirst ein „Erschaffender Schöpfer".

So erkennt Gott sich durch dich!

Wenn du dies über deinen tiefen Atem empfindest, erwacht deine Stärke in dir. Vertrauen erwacht in dir. Vertraue und entscheide dich für die Quelle deines Seins, der Rückkehr des erwarteten Sohnes heim zum Vater.

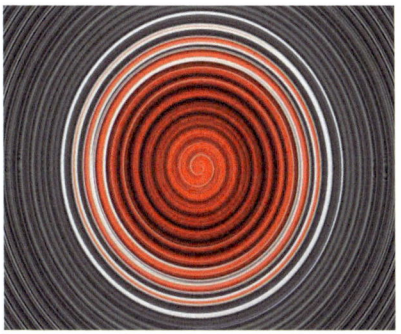

Hier ist nun das dritte Mantra, das du in der Symbolik des Rades erkennen kannst. Konzentriere dich darauf. Atme in dieses Zentrum des Rades mit der visualisierten Farbe „Gelb".

Siehe und erkenne:

„ Ich bin das Rad - Ich bin die Mitte in meinem Sein"

Was bedeutet es: Ich bin das Rad?

Das Rad ist ein sich drehendes Objekt. Es weist eine Peripherie und einen Mittelpunkt auf. Es ist etwas, was durch Speichen unterteilt ist. Es ist das, was von deiner Mitte nach außen weist. Das Rad symbolisiert dein altes Leben. Es bedeutet gleichnishaft, wie du dich immer wieder in die gleichen belastenden Situationen manövrierst, und dich dort wie ein Hamster gedreht hast, ohne Ergebnis, ohne Lösung, voller Hast, Kümmernis und Sorge. Es war ein ständiges sich Mühen und Kümmern ohne Aussicht auf Erfolg. Es war eine Bewegung des „Müssens". Es war eine Fortbewegung auf der Peripherie des Rades und keine wirkliche Weiterentwicklung.
Es war das Sammeln, der immer gleichen Erfahrungen, in den unterschiedlichsten Lebenssituationen hindurch.

Das Rad begann sich immer rascher zu drehen, und in vielerlei Situationen deines Lebens wurde dir davon schwindelig und du hast dich noch mehr an dieses Rad geklammert.

Aber selbst dein Anklammern hat nichts genützt!

Immer öfters wurdest du von diesem Rad abgeschleudert und hast die Verbindung zu deiner Mitte verloren. Und um diese Verbindung zu deiner Mitte geht es schlussendlich.

Jetzt sollst du erkennen, dass du von jeder Situation der Peripherie aus die Möglichkeit hast über eine Speiche deines Rades zur Mitte zu gelangen. Siehe, das ist die Aufgabe für dich den Übergang zu einem neuen Sein zu schaffen, um nicht immer wieder vom Rad des Lebens abgeschleudert zu werden.

Was bedeutet dieses "abschleudert" worden zu sein?

Es bedeutet nichts anderes, als dass du die Verbindung zu deiner Mitte verloren hast. Erkenne bei diesem Mantra „Ich bin das Rad" wie du dich mit allen belastenden Situationen deines Lebens immer wieder identifiziert hast. Immer hast du gesagt: Ja, das bin „Ich", dieser Schmerz, der mit zugefügt wurde. Das bin ich, die Enttäuschung, das bin ich, das Leid, der Tod, das „Bin Ich".

Das ist das Mantra: **„Ich bin das Rad"**

Schau es dir einfach an, wie es gewesen ist. Blättere das Buch deines Lebens mit den entsprechenden Situationen durch.
Blättere jetzt auch in einigen alten Büchern, besonders in den Kapiteln, die deine Kindheit betreffen, um die Gleichheit in der Wiederholung und Ähnlichkeiten zu deinen jetzigen Lebenssituationen zu erkennen. Anerkenne hier, dass jetzt ein klares Loslassen und Einverständnis mit deiner Vergangenheit eminent wichtig ist, um mit einer neuen offeneren Einstellung zu einem erfüllenderen Leben zu kommen.

Das Neue in deinem Leben ist das Mantra:

„Ich bin die Mitte des Rades,
die Geborgenheit und Sicherheit in mir"
„Ich bin stolz auf mich"

Atme diese Worte ein, um diese Energie zu fühlen und um durch die Hülle dieser Worte zum energetischen Inhalt zu kommen:

„Ich bin die Mitte" und fühle diese Mitte körperlich in der Höhe deines Solarplexus, dort wo du deine Angst und Beklemmung fühlst. Entwickle und stärke von dort dein „Ich Bin" Bewusstsein und fühle von dort aus die Sonne deines Lebens aufgehen.

Erkenne und verstehe, sowie begreife die Wunder wirken könnende Ausstrahlung dieser Worte:

„Ich bin die Mitte meines Seins", geborgen und sicher"

wenn du dich mit diesen Worten in deinen Solarplexus hineinfühlst. So erkennst du diese Worte als den Träger einer aufbauenden Energie, die sich dadurch dort freisetzt.

So, wirst du aus dieser in der Mitte heraus frei für all deine Möglichkeiten. So befreist du dich von der Eingebundenheit in einen Sektor deines Rades, eingeklemmt d.h. auf eine ganz bestimmte Richtung festgelegt. Dadurch bist du immer mehr in der Gefahr abgeschleudert zu werden.

Du aber bist eingeladen in deine Mitte zu gehen, mit der Einstellung der Gelassenheit und Ruhe, in der Gewissheit geführt zu sein:

So, und nur so werden die misslichen und schwierigen Situationen deines Lebens unbeschadet vorüberziehen, weil du in deiner Mitte ruhst. Übe dies in den Situationen deines Lebens, die dich so in Schwindel versetzen.

In die Mitte gehend, wirst du mit diesen Wirkungen letztendlich nicht mehr in Berührung kommen. Das ist das wichtigste für dein Fortkommen.

Lerne dabei wieder deine Lebenssituationen als Träger einer Information für dich zu betrachten, die es intuitiv zu entschlüsseln gilt. Dies soll in bezug auf diese Situationen mit einer Art „Gleich–Gültigkeit" geschehen, mit gleichem Abstand, also ohne sich emotional darin allzu sehr zu verstricken. Du bist dann in deiner Mitte.

Siehe das Rad mit den Radspeichen!

Siehe deine Mitte als die Nabe des Rades, um hier die Achse hinein stecken zu können. Siehe, dass die Achse wohl zum Rad gehört, aber dennoch primär Bestandteil des Wagens ist.

Nun interpretiere es für dich:

Dieses, in der „Mitte des Rades" zu stehen, bedeutet in diesem Bild nicht mehr Bestandteil des Rades zu sein, sondern ein Bestandteil des Wagens geworden zu sein.
Lass dir über diese Bildbeschreibung über dein Atmen diese Symbolik bewusst werden.

Was ist die Achse, die zum Wagen gehört?

Die Leere der Nabe in ihrer Mitte bedeutet, dass du dich auch als ein „Spirituelles Wesen" empfinden kannst.

Dort bist du nicht mehr unmittelbarer Bestandteil der Welt, sondern im Symbol der Achse, Träger deines immateriellen Seins.

Die Achse ist ein fixer Bestandteil um den Wagen zu tragen. Du bist in Wirklichkeit auch ein fixer Bestandteil des Seins, deines geistig spirituellen Seins. Im alltäglichen Sprachgebrauch:

Du bist ein integrierter Bestandteil des Göttlichen, des Allumfassenden!

Lass diese Transformation, aus dieser Erkenntnis und über dieses Symbol der Mitte in dir geschehen, indem du dich einfühlst in diese Mitte des Rades. Du bist das Bewusstsein deines Wagens.

Spüre dieses Selbstbewusstsein, diese pulsierende Kraft die sich in dir zu entfalten beginnt. So bist du bereit diese Dinge aus diesem spirituellen Sein heraus mehr geschehen zu lassen.
Sie helfen dir, dass dein Leben sich in Harmonie zu ordnen beginnt.

Sei bereit, so der Lenker deines Wagens zu werden!

Das vierte Symbolmantra deiner Heilung
„Ich bin die Einheit in der Zweiheit.
Ich bin das Herz des Universums"

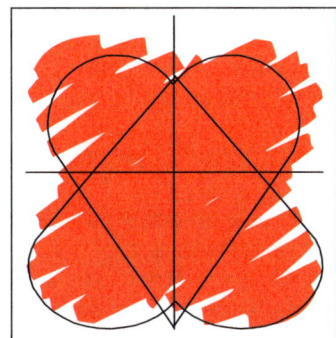

Dieses Mantra korrespondiert mit deiner Herzensenergie.

Dieses ist symbolisch zu sehen in Form von zwei Dreiecken, die miteinander verschmelzen:

Das eine Dreieck mit der Spitze nach oben, das andere mit der Spitze nach unten und ein Punkt in der Mitte, anzusehen wie ein sechszackiger Stern. Der Punkt bist du in der Mitte, das Verbindende von Himmel und Erde in Form der beiden zueinander gekehrten Dreiecke. Es ist seit alters her bekannt als das Siegel Salomons. Es dient zur Verdeutlichung, dass das Schöpfungswort von oben (von innen), als auch von unten (von außen, aus dem materiellen!) und aus jeder Himmelsrichtung empfunden und „gehört" werden kann.

Somit lauten die Worte des Mantras:

„Ich bin die Einheit in der Zweiheit.
Ich bin das Herz des Universums"

Lass diese Worte mit dem Bild der ineinandergreifenden Dreiecke wieder auf dich wirken über deinen weiten und behutsamen Atem, der die Farbe Grün und rosa abwechselnd einfließen lässt.

Erkenne, wie kraftvoll dieses Universum in dir gleich einem Herzen schlägt. Mit dieser Idee, mit diesem Gedanken kannst du dir gleich eine praktische Übung der Anwendung im Alltag vorstellen:

Stelle dir eine beliebige, eine schwierige Situation im Alltag deines Lebens vor.
Begib dich in diese Situation hinein, mit all den verbundenen Empfindungen. Atme die Gefühle, atme die Schmerzen, atme all das Bedrückende wie du es damals in dieser Situation empfunden hast. Lass es wieder zu. Geh nun hinein in die Energie des Mantras:

„Ich bin das Herz des Universums"

und stelle dir dabei das Siegel Salomons, die Symbolik der Dreiecke mit dem Punkt vor.
Fühle diese Kraft, wie sich diese aus der Mitte deines Herzens immer klarer, immer deutlicher werdend, zu manifestieren beginnt.
Wiederhole in deinen Gedanken in deinen Gefühlen und Bildern immer wieder dieses Mantra:

„ Ich bin das Herz des Universums
Ich bin es wert geliebt zu werden"
Ich bin liebens-„WÜRDIG"

und fühle dabei wie du weiter und weiter wirst.

Nun nimm dieses menschliche Symbolzeichen deines Herzens, dass ja aus zwei Hälften besteht, und erkenne, dass es einen gemeinsamen Ausgangspunkt im unteren Bereich hat, sozusagen im Unbewussten. Dies ist ein zusammenlaufender Punkt der Einheit. Es will dir sagen, das jedes Herzproblem, jede Problematik auf der Bewusstseinsebene aus der Einheit des Unbewussten kommt und in diesem Bild damit klar und deutlich erkennbar wird, dass diese unbewusste Problematik sich in Form einer Spiegelung im Äußeren darstellt.

Anders formuliert:

Ein Problem, das sich dir im Äußeren darstellt ist energetisch in dir eine, ins Unbewusste, gerutschte Erkenntnis, ein Gedanke der von dir noch viel zu wenig bewusst betrachtet wurde und der in dir in der gemeinsamen Spitze deines Herzens um Bewusstheit ringt.

Du bist so z.B. mit deinem Partner, mit deiner äußeren Lebenssituation keinesfalls zufällig getrennt, wie du es sozusagen auf der horizontalen Ebene, quasi dir das Herz in der Mitte als Herzschmerz durchschneidend, zurzeit empfinden magst. Die Distanz existiert in Wirklichkeit nicht. Es ist eine unbewusste Gemeinsamkeit, die dich augenscheinlich dazu veranlasst hat, die scheinbare Gegensätzlichkeit zur Zeit erleben zu müssen, um daraus wieder in die Einheit deines Einseins finden zu können.

Hier ist es ganz wichtig, dass du hier im unmanifestierten Atmen diese Einheit übst, um die intellektuell zerschneidende, trennende Ebene zu vermeiden und so an der scheinbaren Unvereinbarkeit eures Problems zu scheitern.

Geh hinein in ein Gefühl, wo du dem anderen, oder deiner misslichen Lebenssituation deine Zuneigung zeigst.

Setze dich über diese Konventionen, „Das tut man nicht, es geht nicht, weil ich zornig, verletzt bin etc., das könnte missverstanden werden", hinweg. Stell dir einfach vor, es gäbe diese Konventionen nicht und bist frei dich so ausdrücken, dich so empfinden dürfen.

Im Bild, im Zeichen des Herzmantras stellt sich das so dar, dass du dir vom unteren Mittelpunkt deines Herzens nun ausgehend, ein weiteres Herz, als Symbol deines Partners, deiner Lebenssituation, auf dem Kopf stehend vorstellst, mit dem du über die unteren Spitzen der beiden Herzen verbunden bist. Hier, an diesem Punkt sind beide Herzen eins und nicht wie im oberen Bereich geteilt bzw. in ihren Gefühlen zerrissen.

Geh nun hinein mit deinem Atem und nimm diese Verbindung auf der Herz zu Herzebene in Anspruch.

Gestatte dir nun deine Gefühle der Sympathie, der Zuneigung sich zu entfalten, ganz weit und ganz tief, weit und tief.

Behutsam lass deine Gefühle strömen über deine Herzspitze, die den anderen in seiner Lebenssituationen über dessen Herzspitze einschließt.

Empfinde es wie Sternenstaub, der von deinem Herzen ausgeht, einfließend in die Herzspitze anderen.

Du atmest und strahlst. Das magische Glitzern geht von deinem Herzen aus und tiefer und tiefer strömen aus deinem Herzen, die Gefühle und Worte der Liebe zum anderen Menschen, zu deiner dich umgebenden unbefriedigenden Lebenssituation aus. Von dieser Gemeinsamkeit ausgehend, von diesem „Ich liebe dich" ohne irgendeine Bitterkeit, fließen diese Gefühle in dieses andere Herz, damit in den anderen Menschen, in diese euch gemeinsam belastende Situation.

Jetzt sieh, wie sich die beiden Herzspitzen ineinanderschieben, bis sie beide sich durchdringend mit der Spitze in der Mitte berühren. Aus dieser Vereinigung der beiden Herzen, entsteht so das sogenannte Rosenkreuz, ähnlich einem vierblättrigen Kleeblatt.

In diesem Rosenkreuz fühle so dein Eins werden mit diesem anderen Menschen!

Sternenlicht, Herzensenergie durchdringt beide und siehe ein neues Universum entsteht. Es ist ein Universum, einer, sich verstärkt habenden Herzensenergie aus glitzerndem Sternenstaub.

Erkenne auch, dass du dir bis jetzt auch das Lieben versagt hast, weil „das tut man nicht, ich hasse, ich bin unglücklich" blockierende Leitsätze in dir waren.

Aber jetzt ist es deine Aufgabe dieses neue Gefühl der wirklichen bedingungslosen Liebe in dir zur Entfaltung kommen zu lassen um ein neuer Mensch zu werden.

Es ist ein neuer Mensch mit einem neuen Bewusstsein.

Siehe „Ich bin die Einheit in der Zweiheit".

Was früher getrennt war, erscheint dir nun eins. All die Schwierigkeiten und Probleme, die du hattest, all das Zerrissene, das Gegensätzliche sind nun in der Einheit deines Bewusstseins verschmolzen, in Liebe. Du atmest dein Bewusstsein, dein Herz des Universums zu sein.

Du bist jetzt einverstanden. Du hast akzeptiert, da du dein Problem quasi in dein Herz genommen und durchlichtet hast. Es verschmilzt in dir und erscheint verwoben zu einem Rosenkreuz auf der wundervollsten Lebensseite die du jemals fühlen und sehen wirst.

Du spürst die Leichtigkeit und Freude in dir und in deinem, auf dich zukommendes Leben. Es kann dich jetzt mehr und erkennbar auch lieben, ganz einfach dadurch, dass du es jetzt liebst. Neues und dir Unvorstellbares will sich dadurch in dir und im Außen entfalten durch dieses:

„Ich bin die Einheit in der Zweiheit,
Ich bin das Herz des Universums".

Du bist dann nicht nur das Herz des Universums, du bist eins mit dem Willen des All-Umfassenden. Du bist quasi das Herz des in dir wiedergefundenen „Christusbewusstseins", des „göttlichen Feuers" in dir:

„Ich und der Große Geist sind eins".

Du fühlst dann wieder letztendlich seine Heiligkeit und Erhabenheit, die dir auch sein kosmisches Herz anbietet und dir sagt:

„Siehe mein Herz ist dein Herz".

Klar und rein wird sich dein Leben in diesem Gefühl entfalten und umso deutlicher wird dadurch dein Weg. Kein Zweifel wird mehr in deinem Bewusstsein Zeit und Raum einnehmen.

In jedem Augenblick deines Lebens weißt du nun, was du zu tun hast, was wichtig und bedeutsam ist, und vor allem weist du, was du zu unterlassen hast. Denn bis jetzt hast du viel zu viel getan, hast geglaubt, tun zu müssen. Kehre zurück in die Einfachheit deines Seins. Kehre mit diesem Mantra zurück in sein Sein, in das Herz des Kosmos.

Erkenne wie wesentlich dieses Mantra:

„Ich bin die Erfüllung meiner materiellen Wünsche"

über das uralte magische Symbol des Füllhorns ist!

Darin enthalten, erkennst du gleichzeitig die Botschaft: „Ich bin die Fülle" und diese Botschaft ergänzt sich in „Ich bin die unbegrenzte Fülle - Ich bin die Göttlichkeit, die in mir wohnt".

Fühle mehr und mehr, wie sich durch diese neue Einstellung deine alten körperlichen bedürftigen Empfindungen relativieren.

Fühle, wie sich über dieses Mantra und das Bild mit leuchtendem Blau durchdrungen dein Körper dadurch immer leichter und lichter anfühlen kann. Aber fühle auch, wie schön es ist diesen Körper zu haben.

Fühle die Freude und den Spaß, den du mit deiner Körperlichkeit empfinden und erfahren kannst.

Nimm wieder ein Bild:

Stelle dir vor du unternimmst eine Reise, und du hast dir für die Erkundung der Landschaft vorgenommen, bei einer Leihwagenfirma einen Leihwagen zu mieten. Dabei hast du dir ganz bewusst ein bestimmtes Modell ausgesucht.

Du hast dir vielleicht ein Modell ausgewählt, das dir Freude macht, vielleicht ein Coupe, Jeep etc, auf jeden Fall etwas witziges außergewöhnliches, ein ganz originelles, nicht alltägliches Fahrzeug. Du bist offensichtlich durchaus bereit, ein bretthartes Fahrgestell zu wählen. Und wenn du nun über die welligen Straßen fährst, hüpft das ganze Gefährt ganz gemeingefährlich.

Aber, um dieses „Feeling" erleben zu können, hast du es gewählt - dass du zuhause ein luftgepolstertes, mit Ledersesseln ausgestattetes Fahrzeug benützt, ist klar, aber hier genießt du quasi deinen Abenteuerurlaub, und um genau das geht es.

Wenn du irgendwo hinfährst, vermisst du unter Umständen vieles von dem Komfort, von der Bequemlichkeit, von dem Standart, den du zuhause hast. Aber es ist hier am Urlaubsort etwas anderes. Es ist schön, interessant und du genießt es dort zu sein, natürlich auch in dem Bewusstsein, dass du nicht ewig dableiben musst, denn immer hier hin zu fahren, wäre auf Dauer auch langweilig. Aber so, für kurze Zeit, ist es hochinteressant, mit den sich den hier zeigenden Unvollkommenheiten, wie einem Abenteuerurlaub, vielleicht kombiniert mit einer Durchschlageübung, konfrontiert zu werden und Spaß daran zu haben- dass du z.B den Kaffee suchen musst, wo die Milch, das Brot und wo die Butter zu finden ist, ist eine weitere interessante Übung.

Irgendwie gehört das zum Abenteuerurlaub dazu!

Obwohl es nicht ganz perfekt funktioniert, und du öfters im sprichwörtlichen „Schweiße deines Angesichtes" eingreifen musst, ist es herrlich diese Unvollkommenheiten zu genießen.

Genauso ist es in deiner Körperlichkeit hier auf der Erde. Es ist eigentlich der Sinn deines Lebens, das prickelnde, andersartige zu genießen. Deswegen bist du ja auf diese Erde gekommen. Die Vollkommenheit hast du ja sowieso zuhause.

„Irgendwie und irgendwann" bist du in das „Göttliche Reisebüro" gegangen und hast dort eine Reise gebucht. Du wolltest eine ganz bestimmte Region mit ganz bestimmten Anforderungen und Eigenschaften erleben. Die Reise in die Sahara steht, was du dort erleben und erleben willst, hast du im Katalog gesehen.

Aber erfahren hast du es noch nicht!

Nun weißt du ursprünglich, dass es in der Sahara heiß ist und du eine entsprechende Kleidung brauchst. Wenn du dann also irrtümlich einen Pelzmantel anziehst, fängst du an unter dieser Hitze zu leiden.

Deshalb bist du aufgefordert deine Einstellung zu der Situation zu ändern und den belastenden Pelzmantel auszuziehen. Das sind die Lernsituationen deines Lebens, die einmal erkannt, dein Abenteuer zu einer herrlichen Reise werden lassen.

Deshalb genieße, was sich hier in deinem Leben darstellt und erkenne gleichzeitig, das sich das was sich in deinen Lebenssituationen darstellt zur Erfüllung deiner Wünsche gehört, denn du wolltest es ja erleben. Es war kein Zwang. Es war nur das prickelnde Gefühl vor diesem Abenteuerurlaub in der Sahara, auch wenn du manchmal vor Angst denkst:

„Um Gotteswillen, hoffentlich werde ich immer genug zu trinken haben".

Fühle dich in das Gesagte ein, in dieses wahre Sein deiner Bestimmung. Du bist im Prinzip schon die Erfüllung all deiner Wünsche. Wiege dich in der Hängematte deines Lebens, genieße die harmonischen Möglichkeiten, die sich durch die richtige Interpretation deines Lebens darstellen und wisse, dass du in absehbarer Zeit abgeholt werden wirst und wieder nach Hause kommen darfst, weil du auch dieses schon gebucht hast. Du bist deshalb eingeladen, dir bis dahin keine Gedanken zu machen, da für alles gesorgt ist, für die Versorgung, als auch für die Abenteuer.

Erkenne, dass du bist, immer warst, in welchem körperlichen originellen Fahrzeug deines Körpers du dich auch immer bewegt hast. In diesem Urlaubsland spielst du als ein spezieller individueller Mensch, als eine Darstellung des Allumfassenden. Du bist immer beides!

Auch darfst du dich mit deinem Urlaubsimage völlig identifizieren. Es genügt dir ja nicht einen Urlaubsfilm über das Land ansehen, sondern du willst es selbst in einer entsprechenden Körperlichkeit erfahren, ohne durch eine Glasscheibe zuzusehen. Du willst es hautnah erleben. Du weist doch genau, wie schal manche Diavorstellungen sind. Eben weil diese Dimension der eigenen sinnlichen Erfahrung fehlt.

Wenn du dein Leben so bewusst sehen lernst im Sinne von:

„Das ist genau das was ich gebucht habe", dann bist du ja viel eher bereit es anzunehmen und es zu genießen mit Freude, was sich hier darstellt.

Wenn du es so sehen kannst, nimmst du nichts mehr ernst und das ist das Wesentliche:

Wenn du kapierst, es nicht mehr ernst zu nehmen!

Es sind Darstellungen, die du gebucht hast und du hast dafür bezahlt. Diese Bilder verhelfen dir dazu dir dein Leben anzunehmen - und es zu genießen.

So erhebst du dich hinein in die Dimension deines „Licht- Seins" und dir dämmert ein Überblick über dein Leben. Mehr und mehr erkennst du dann, was dir dein Leben sagen will. Mit deinem geistigen Auge erkennst du mehr und mehr, was dir die Darstellungen deines Lebens sagen wollen um ein erfülltes Leben zu führen.

Wozu fordern dich diese Darstellungen deines Lebens auf - Was fehlt und was ist zur Genüge da?

Es zeigt dir, wie viel Liebe du in dein Leben und damit zu dir eingebracht hast und wie viel du dazu nicht imstande gewesen bist. Das befreit dich außerdem von dem Gefühl der Schuld. Du bist niemals an irgendetwas schuld gewesen in dem Sinn, dass du es absichtlich getan hast um jemand zu schaden, sondern es geht darum zu erkennen:

Du bist schuldig geblieben im Sinne:

„Ich habe alles an mir möglichem Vertrauen gegeben, aber mehr war nicht drin".

Sieh deine kleine Kapazität mit der du deinen Anforderungskatalog deines gebuchten Lebens gefüllt hast. Aber das Gefäß war zu klein. Dein Selbstwertbewusstsein war zu gering, sprich dein Gottbewusstsein in dir war zu mangelhaft, um den Überfluss des Göttlichen in dein Leben hineinzulassen.

So warst du eigentlich auch als Bestandteil dieser allumfassenden Göttlichkeit, die immer reine Liebe ist, niemals in der Lage Böses zu tun. Du warst aus dir heraus bedürftig.

Aber jetzt in diesem Augenblick hast du die Möglichkeit ganz intensiv aus der Mitte deines Herzens heraus bereit zu sein.

Gib der Göttlichkeit in dir den Raum und erkenne sie an und sei bereit, all das, was diese dir gibt anzunehmen.

Durch dieses Mantra:

„Ich bin die Erfüllung all meiner Wünsche"
bzw.
„Ich bin es wert, vom Leben beschenkt zu werden"!

gibst du dir die energetische Voraussetzung dafür.

Da diese Aussage dir gegenüber so wichtig ist, so höre sehr oft in der Stille dieses innerlich gesprochene Mantra über das harmonische Strömen deines Atems.

So wird dieses bewusster und kann sich mehr und mehr im Außen in angenehmer Form darstellen. Sei dafür total bereit für mehr und mehr Augenblicke jeden Tag dafür offen zu sein, es anzunehmen.

Fühle deine immer größer werdende Meisterschaft in dieser Übung. Fühle deine Verantwortung, diese Freude für das Glück, für die Möglichkeiten, die aus diesem Mantra entstehen werden.

Du bist bereits die Erfüllung deiner Wünsche und das Allumfassende ist immer darauf eingerichtet, dir das zu geben, was du annehmen kannst!

> # Das sechste Symbolmantra deiner Heilung
> ## „Ich bin die Erkenntnis meiner Göttlichkeit"

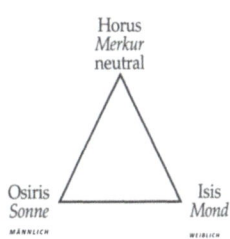

Horus
Merkur
neutral

Osiris
Sonne
MÄNNLICH

Isis
Mond
WEIBLICH

Das Zeichen dafür ist eine Basis auf der ein Kreis existiert, umgeben von einem größeren ovalen Kreis, in etwa das Zeichen des Horus-Auges. In vielen Träumen aus aller Welt, produziert aus vielen Menschen, taucht das nebenstehende ähnliche Auge als „Göttliches Symbol", eingehüllt in strahlendes Hellblau, als ein „Numinosum" mit starker Wirkung auf die Alltagspsyche auf.

Was bedeutet dieses Symbol des Auges:

Nimm dein linkes Auge (Osiris), das deinen Blick in die Ver-gangenheit symbolisiert und dein rechtes Auge (Isis), als Blick in die Zukunft. Es ist in der Form deines linken Auges hier meist deine Unsicherheit, die du glaubst hier erblicken zu müssen. Wenn du die beiden Aspekte deines Seins, die Projektion deiner Vergangenheit in die Zukunft in die Mitte bringst, in die Mitte deines Seins, erkennst du aus dieser Mitte heraus, dass du zwischen deinem linken Auge und dem rechten Auge in Wirklichkeit weder deine Vergangenheit bist, noch deine Zukunft.

Du bist „Weder- noch" – hast die Polarität überwunden als Horus!

Natürlich behauptet dein Verstand gegensätzliches, das ist nur eine Frage des Standpunktes. Aber von der Ebene aus, von der es nun gilt dich in ein einheitliches Sein zu bringen, ist es wesentlich zu erkennen, dass das Alte nicht mehr gilt.

Es war das Alte, wo du geglaubt hast, deine Prägung deiner Vergangenheit zu sein und nichts anderes in der Zukunft erleben zu dürfen oder zu können.

Dein altes Denken bestand darin, dass du über dein linkes Auge glaubend und sehend sagtest:

„Ich bin der Schmerz meiner Vergangenheit, die Enttäuschung. Ich bin geprägt, ich habe keine Chancen. Die Prägung meiner Kindheit, meines Elternhauses, meiner Schulzeit, meiner Berufszeit, mein Partner hat mich so gemacht usw. Ich bin ein Geprägter meiner Vergangenheit".

Und aus dieser Prägung heraus nach rechts blickend in deine Zukunft, siehst du keine Chancen für dich außer einer Fortsetzung all des Erlebten in der unterschiedlichsten Variation der Wiederholung und du glaubst dabei noch:

„Das habe ich erlebt und dies werde ich immer erleben".

Also von „rosig und hoffnungsfroh" keine Rede. Siehe so war und ist dein Denken und Fühlen bis jetzt und so hast du bisher empfunden. Und in deinen Bauch hinfühlend, fühlst du all die Gefühle wunderschön durcheinander gewürfelt.

So wie du in einem Kellerraum das Gerümpel, das du nicht wegwerfen willst dort aufhebst, da du dich davon nicht trennen willst, so sammelt sich ein chaotisches Sammelsurium an nicht mehr gebrauchten Dingen deines Lebens in dir an.

Fühle dich darin einmal ein!

Sieh diesen Grund deines Kellers und erkenne, dass du keine Perspektive hast, keine Aussicht. Festgefügte Mauern aus Steinen sind um dich herum. Aber es ist nicht ganz ungemütlich. Ein bisschen was grünt und blüht darin. Es ist nicht sehr warm, aber schön feucht.

Also notfalls lässt es sich dort schon aushalten, aber es fehlt eigentlich das, was du dir für dein Leben, für dich an erhebenden Gefühlen und Freude erträumt hast. Aber, so sagt dein Verstand, so ist das Leben nun einmal und bleibst mit dieser Einsicht am Boden deines Kellers bzw. Brunnens sitzen.

Jetzt sieh dich einmal mit deinem nicht körperlichen Höheren Selbst am oberen Rand des Brunnens stehen und blickst herunter auf dieses kleine körperliche „Ich".

Und dein Hohes Selbst und du kannst es auch Seele nennen, meint nun:

„Soll ich mein kleines „Ich" auf immer und ewig da unten sitzen lassen?"

Es denk vielleicht t: *„Eigentlich schade - Wir tun etwas"*

und energetisch nimmt dein Hohes Selbst, deine Seele, dein Einverständnis voraussetzend, all die Sorgen und Kümmernisse, packt sie hinein in ein saugfähiges Küchenpapier und saugt es voll mit all deinem Schmerz.

Stelle dir vor wie dein Hohes Selbst von ganz dort oben, wo es licht ist über dich das Saugpapier hält und du bist ganz tief unten. Jetzt „saugt" dein „Hohes Selbst" all deinen Schmerz wirklich weg und es gibt dir hinatmend Vertrauen und Zuversicht und gibt dir dadurch auch die Möglichkeit dich zu befreien.

Nun, nachdem dein Hohes Selbst all deine Sorgen und Kümmernisse aufgesogen hat und dich so im Sinne eines Papierhandtuches davon gereinigt hat übergibt es den Schmerz einer Transformation und lässt ihn los.
Das heißt, es entzündet den Träger des Schmerzes an seinem Licht der Erkenntnis:

„Ich bin meine Göttlichkeit,
Ich bin die Wahrheit meines Seins
Ich bin Hoher Mut und Zuversicht"

Sieh diese Szenen und fühle dich darin intensiv ein.

All dein Schmerz, dein Kummer und deine Sorgen werden entzündet am Licht der Erkenntnis: *„Ich bin meine Göttlichkeit".*

Fühle die Magie dieser Worte, wenn du sie auf dich wirken lässt über die Stille deines Atems und atme es in der Kraft deines dich in die Mitte deines Kreuzes stehend, also zwischen deiner Vergangenheit und deiner Zukunft ein.

Durch dieses Öffnen in diese Einsicht kann dieses Licht in dein Bewusstsein über dein drittes Auge an deiner Stirn eindringen.

Das Kellergewölbe steht für dein Unbewusstes und das brennende Papier ist das Symbol des Lichtwerdens all deiner Schmerzen, Trauer und Enttäuschungen deines Lebens, deiner Vergangenheit im Bereich deines Unbewussten, wohin du normalerweise keinen Zugang hattest, außer über diese Rituale der geschilderten Symbolik. Es ist hier die Möglichkeit über die Offenheit, und deiner Bereitschaft, dieses geschehen zu lassen.

Denke dabei an die Übung der Kraft deines Atems. Das Symbol deiner Bereitschaft des Geschehenlassens mit dieser brennenden Lichtfackel über den Atem und zum Beispiel über das Ausbreiten deiner Hände:

Du bist bereit es geschehen zu lassen. In dem Augenblick, in dem du ganz offen bist, geschieht es auch!

Nun bist du bereit das Geschehene, das dir in seinen Gründen Unbewusste, sich nun veränderte, diese neue aufkeimende Einstellung in dein Leben zu integrieren über den Vorgang des Ausatmens. Das Einatmen ist die Offenheit, um das Neue in deinem Leben integrieren zu können.

Das Ausatmen symbolisiert das Alte, das du nun loslässt.

Du öffnest dich so für dein wirkliches Leben. In dem Augenblick spürst du die harmonische Verbundenheit mit deinem Leben, mit dem Allumfassenden „Göttlichen". Wenn dieser Prozess abgeschlossen ist, indem du quasi so deinen unbewussten Schmerz, dein altes „Gerümpel" loslässt, gehst du über dieses Mantra:
(Anm: Über den Intellekt schaffst du es nie, loslassen zu können, aber über die Dimension der Symbole, quasi auf einer höheren Ebene schaffst du die Verbindung der Übereinstimmung mit der wirklichen Qualität deines Lebens!)

„Ich bin die Erkenntnis meiner Göttlichkeit"

und visualisierst dabei ein leuchtendes *Dreieck, das deine beiden Augen und die Mitte deiner Stirn über der Nasenwurzel verbindet. (Symbolisch das ägyptische Horusauge!)*

Du siehst dabei das Bild des brennenden Papiers, wie es hinunterfällt in die Bereiche deines Unbewussten und alles Gerümpel durch das ver-zehrende und reinigende Feuer transformiert.

Vielleicht raucht und stinkt es noch eine Zeitlang, was dir unter Umständen auch noch körperliche Schmerzen bereiten könnte, aber dann bist du bereit die Sonne deines Lebens in deinem Herzen und über die Mitte deines Kreuzes zu erkennen und wahrzunehmen.

Du spürst dann mehr und mehr das Bewusstsein einer inneren Sicherheit.

Es ist diese, dein Leben verändern könnende Kraft, welche sich dann in erfüllenderen Situationen deines Lebens spiegeln kann.

Diese innere Sicherheit, die du dann in dir empfindest, sprengt die scheinbar so festgefügten Mauern und Fesseln deines Lebens. Nicht länger mehr hast du diese Bedürftigkeit der Abhängigkeit von den Prägungen deiner Vergangenheit. Du lernst dich selbst wieder zu erkennen, wer du in Wirklichkeit bist:

Deine Göttlichkeit in dir als Mensch und „Ich bin in Gott".

Aus diesem Gefühl heraus kannst du dich selbst lieben und annehmen.

Und jetzt erblickst du vor deinem geistigen Auge, deinem „Inneren Bildschirm" das Auge des Horus.

Es ist das Zeichen deiner Göttlichkeit in deinem Leben. Es beinhaltet all die Dinge, die du brauchst, wenn du weißt, dass du alles, was du brauchst schon in dir hast, es schon angelegt ist. Hier bist du heil, körperlich wie auch geistig.

Öffne durch dieses Bild des Auges, mit der Öffnung deiner Hände dein Bewusstsein und sieh die Sonnenscheibe deines Seins aufleuchten und fühle die magische Kraft, die dir aus diesem Symbol zuströmt.

Nachdem sich das in dir vollzogen hat, trittst du den Heimweg an zurück in dein neues Leben mit dem siebenten Mantra.

Das siebente Symbolmantra deiner Heilung
„Ich bin das Licht - Die Sonne meines Lebens."

Das Bild ist natürlich das Bild der Sonnenscheibe, als Symbol des Göttlichen in dir.

Lass dieses Bild der gleißenden Sonnenscheibe über deinen weiten Atem aus deinem Bauchraum heraus entstehen.

Erkenne aus diesem Mantra heraus die Verantwortung, die du jetzt in deinem Leben trägst. War es dir in gewohnter Weise noch erlaubt, dich darüber zu beklagen, dass du hier und da in der Dunkelheit deines Seins warst, so bist du in dieser Stufe deiner Ganzwerdung aufgefordert, in jedweder Situation darauf zu achten dein Licht zu sein.

Das ist nun etwas Entscheidendes für dich!

Du hast von nun an auf der Bewusstseinsebene des siebten Energiezentrums keine Möglichkeit mehr dich ernsthaft darüber zu beklagen, dass du im Äußeren etwas nicht bekommst

Denn erkenne dein siebtes Mantra:

„Ich bin das Licht, ich bin die Sonne, das Licht meines Seins"

Es ist hier deine Aufgabe, dir entgültig bewusst zu werden, dass es dir möglich ist, alles aus dir heraus, aus deinem Bewusstsein zu gestalten. Du bist der Gott deines Lebens. Du bist zum Ursprung allen Seins zurückgekehrt.

Es ist die Geburt Gottes in dir!

Immer wieder hast du gehört, dass vielleicht irgendwann einmal in dieser Zeit Gott wieder auf diese Erde kommen wird.
Das Paradies soll angeblich wieder auf Erden errichtet werden, wenn Gott auf Erden kommt. Und nun will Gott auf Erden kommen durch dich hindurch und du blockierst.

Stelle dir dieses Bild einmal in deiner Phantasie vor!

In dir erwacht das Göttliche und will sich durch dich ausdrücken.

Du denkst dann:

„Wieso ausgerechnet durch mich - Gibt es niemand Besseren, niemand Würdigeren, niemand Erhabeneren, Reiferen?"

Gott in dir aber sagt:

„Nein es gibt niemand Besseren, niemand Erhabeneren und Reiferen. „Du", so spricht Gott zu dir, „bist mein Auserwählter - Durch dich will ich mich manifestieren".

Also, du hast keine Chance dich dagegen zu wehren. An alles denkst du, aber dass es nun aus deinem Inneren herauskommen wird, noch dazu die Göttlichkeit? An das hast du niemals gewagt zu denken. Nach außen hast du dich gewappnet und das wusste Gott, die Göttlichkeit. Dein Verstand hat sich nach außen gerichtet und du hast dich auf wundervollste perfekte Art mit einer Maskenpersönlichkeit nach außen abgeschirmt. Aber Gott wäre nicht Gott, wenn er nicht jeden Weg kennen würde. Er kommt ganz einfach durch eine andere Tür zu dir und indem er von innen an deine Bewusstseinstür klopft sagt er:

„Drücke mich aus - Manifestiere mich. Dies ist die Aufgabe deines Lebens".

Und du bist jahrelang herumgelaufen, fragend und suchend:

„Wo ist der Sinn meines Lebens. Gebt mir eine Aufgabe. Ich suche eine Aufgabe. Ich will Gutes tun".

„Als Mensch", fragt Gott *dich „Mit all deiner Bedürftigkeit wolltest du Gutes tun?"*

Und jetzt, wo du wirklich eine Aufgabe hast, nämlich Gott in dir zu manifestieren, weil alles in dir in Ordnung gebracht wurde, erschrickst du bis ins Knochenmark?

Fühle tief in dich nun hinein und erkenne im Vorgang deines Atmens die tiefe weite Liebe Gottes in dir.

Aber warum?

Aus dem einfachen Grunde, weil Gott dich liebt. Deshalb kommt er nicht von außen auf dich zu, sondern von innen durch dein Herz - Gott erwacht in deinem Herzen.

Siehe am Horizont die Sonnenscheibe aufgehen. Horus, der Götterbote kommt zu dir. Die Sonnenscheibe geht auf!

Ein neues Zeitalter bricht an. Fühle deine Kraft mit Gott in deinem Herzen, ausstrahlend in dein Bewusstsein. Fühle dein neues Sein auf dieser siebenden Bewusstseinsstufe. Betrachte die Bilder deines Inneren und erkenne aus diesen Bildern heraus die Kraft der Fähigkeit mit ihm verschmelzen zu können, mit ihm eins zu sein.

Durch dieses Mantra bist du imstande mehr und mehr das Erwachen bzw. das Bewusstwerden des Göttlichen in dir zu erkennen und zu erfahren, über alle Sinne deiner Körperlichkeit. Lass dir dadurch all die Lasten, die du geglaubt hast tragen zu müssen, von den Schultern nehmen.

Fühle wie du dich in deiner Wirbelsäule aufrichtest und wie du jetzt bereit bist gerade und dich frei fühlend zu gehen.

Alles was du tust und berührst, wird aus diesem Bewusstsein heraus göttlich, es wird ein Ausdruck, eine Darstellung der Göttlichkeit. Wohin du gehst, ist Göttlichkeit da.

Wenn du hingehst spürst du:

Gott hört mit deinen Ohren. Er sieht mit deinen Augen, fühlt mit deinen Sinnen, liebt mit deinem Herzen", Alles wirst du plötzlich mit anderen Augen sehen, mit anderen Ohren hören.

Mit anderen Gefühlen wirst deinen Lebenssituationen und anderen Menschen begegnen können. Denn du schließt dich kurz mit seiner hohen Energie.

Es ist dieses Lebensgefühl: „Ich bin im inneren Frieden."

Du hast darum geweint, gebettelt und gebetet.

Du erkennst:

> *Er kommt nicht zu dir, wenn du weinst.*
> *Er kommt nicht zu dir, wenn du bettelst, oder bittest.*
> *Aber wenn ihn, als seine Quelle einlädst, kommt er!*
> *Denn du musst ihn ja leben, den inneren Seelenfrieden.*

Den sollst du haben:

„Wenn du mir einen Schritt entgegenkommst, komme ich dir auch einen Schritt entgegen. Der innere Seelenfriede ist das Daheimsein in dir, wo du gerade gehst und stehst. Er ist es, der dich sucht, komm lass dich finden. Du wirst nie mehr auf der Flucht sein vor irgendetwas, du brauchst nicht mehr zu fliehen. Du hast einfach das Gefühl, ich bin in mir zu Hause, dann bist du überall zu Hause.
Du wirst plötzlich sehen, dass die Menschen keine Fratzen mehr haben, sondern schöne Gesichter und du wirst eintreten in die Glückseligkeit, in die wirkliche innere Freiheit, wo es keinen Kampf mehr gibt, nur „Sein".
Und du brauchst keine Verteidigungshaltung einzunehmen, denn, wenn du nicht angreifst, wirst du nicht angegriffen.

Es ist jenes Bewusstsein, das dein Tagesbewusstsein nun durchdrungen hat. Die Stille wirst du jetzt mehr und mehr spüren, je mehr du deine Verteidigungshaltungen aufgibst. Es wird dich nun dein Hohes Bewusstsein durchfluten, dich verwandeln. Du wirst nicht zum Kanal für das göttliche Licht, sondern du bist es selbst mehr und mehr, wenn das Ego aufgelöst und absorbiert wird:

„Dein Wille geschehe. Schöpfer allen Seins, du tust die Werke, dein Sohn allein vermag nichts, aber ich und der Vater sind eins."

Dann hast du dich verwandelt, du bist der Schöpfer deines Seins und der Schöpfer allen Seins ist in dir. Es ist keine Anmaßung, sondern du gibst vielmehr deinen eigenen Willen auf.

Du weißt jetzt aus dem tiefsten Inneren:

„Ich bin die Klarheit meines Seins"!

Fühle das Schlagen deines Herzens, und alle Empfindungen, die von nun an göttliche Empfindungen sein werden und Liebe kommt dir von überall entgegen durch das Strömen der Göttlichkeit in und aus dir.

So fühle deinen Körper in vollkommener Ausrichtung auf deinen Atem, dein Herz, entspannt und offen. Werde dir deines Atems bewusst. Fühle die Sanftheit des Atems in deinem Körper, das Leben in dir.

Lass jetzt gedanklich deine Herrschaft über den physischen Körper jetzt los. Lass ihn liegen wie ein Stück dürres Holz und tief ruhen. Lass deine Gedanken gehen, so als sei nichts weiter zu tun, nirgends hin zu gehen.

Fühle jetzt hinein in jede Zelle deines Körpers. In jeder Zelle und jedem Atom deines Körpers siehst du einen Lichtpunkt. Dieses Licht ist der Keim deiner geistigen göttlichen Energie. Die materielle Substanz deines Körpers ist um dieses Lichtmuster herum angeordnet. Fühle diesen Tanz der Lichtpunkte.

Innerhalb deines Körpers aus Materie, wie wir ihn nun sehen, sind Milliarden von Lichtpunkten, die deinen Lichtkörper bilden, dein ursprüngliches Muster, dieser göttliche Bauplan.

Er ist der Keim und der Same für deine göttliche Traumreise hier auf Erden. Dieses Licht ist fein gewebt, diese Substanz ist absolut vollkommen.

Dein Geist hat die Macht, alles, worauf er sich konzentriert, auszudehnen. Nutze diese Macht, um jetzt die Lichtpunkte, diesen Samen in allen deinen Zellen zu erweitern. Während du dies tust, sollst du wissen, dass, während sie sich erweitern, alles, was um das Licht herum nicht vollkommen ist, verbrannt und dadurch geheilt und verwandelt wird. Das Licht „erhöht" alle Schwingungsebenen deines Körpers und deiner Gefühle.

Visualisiere mit der Macht deines Geistes diese Lichtpunkte, wie die Milliarden von Glühwürmchen.

Nutze die Macht deiner göttlichen um das göttliche Leben in dir zu entzünden und die Lebensfreude in jedes Atom deines Körpers zu bringen.
Visualisiere und fühle wie sich die Milliarden von kleinen glühenden Lichtpartikeln verstärken, so als seiest du elektrisch geladen. Entscheide dich für die Identifikation mit dem Licht in dir und seiner Vollkommenheit.

Lass seine Widerspiegelung deinen Körper, deinen Gemüt und deine Emotionen sich in dieser Reinheit aufladen.

Spüre die Lichtpunkte jetzt in deinen Füßen und mache sie heller. Spüre deine Füße, wie sie von der krabbelnden Energie dieser Lichtpunkte, die immer leuchtender werden, lebendig werden. Lass diese Gefühle sich auf deine Fersen, Waden und Knie ausbreiten. Spüre, wie die dabei diese Lichtpunkte weiter werden und die Innenseiten deiner Beine mit immer mehr Lichtsamen füllen.

Atme ganz weit und ganz tief, atme nun in deine Wurzelquelle, ja dort an deinem Steißbein. Hier sitzt dein unbändiger Wille zu leben. Natürlich sind dort noch Blockaden. Lass uns noch einmal ein klein wenig daran arbeiten.

Atme in diese Quelle!

Nutze die Kraft deiner Aufmerksamkeit, deiner Visualisierung und deines Gefühls. Bewege diese Aufmerksamkeit hin zur Innenseite deiner Hüften und hinauf in deine Schamgegend. Fühle die feinen Strömungen fließen und glühen, so als hättest du nun Beine aus ganz hellem Licht. Spüre, wie dieses Licht die Lichtpunkte dort entzündet, in den Organen deines Körpers, in deinem Bauch.

Fühle, wie das Licht die Dichte verzehrt und die Materie deines Körpers mit seiner Substanz zum Glühen bringt.

Bewege dich mit deiner Aufmerksamkeit aufwärts, hinauf durch die Bauchregion.

Atme in deinen Bauch hinein, in dein „Hara", in deine Lebensmitte. Das ist da, ja unterhalb deines Nabels, so in der Mitte deines Bauches. Dort atme hinein und fühle die Kraft und Stärke, die sich dort gleich einer Blüte zu entfalten beginnt.

Und jetzt fühle, wie diese Energiezentren eine sanfte Rotation beginnen, machtvoll und sanft zugleich, mächtig und stark und dennoch voll Liebe.
Fühle, wie diese Energiezentren wieder in Schwung kommen.

Fühle dieses wieder in Schwung kommen.

Jetzt „kurbele" dein Sonnengeflecht, deinen Solarplexus, wie ein Rad an. Spüre wie es wie ein Luftwirbel mit jedem Atemzug anfängt zu rotieren.

Wirf es an, fühle zuerst die Widerstände, doch langsam beginnt nun dein Sonnengeflecht zu rotieren. Das ist die Macht, die dich vorwärts zieht. Es ist kein Drängen, es ist ein Ziehen. Es ist ein Ziehen, im Bewusstsein, dass du dich führen lassen kannst von der Göttlichkeit, von der Liebe der Göttlichkeit, der Sonne in dir.

Fühle wie deine eigene Energie dich zieht, wie das Licht deinen Rücken und deinen Rumpf hinaufzieht, in deine Brust, sogar in die Lungen.

Nun lenke deine Aufmerksamkeit zum Herz und fühle deine Verbindung mit ihm. Öffne dein Herz, fühle es stark und sicher. Atme in das Herzzentrum hinein. Fühle dein Herz weiter und weiter werden.

Mache es ganz weit, atme weit und sanft Licht hinein und öffne dich noch mehr.

Fühle, wie du dabei wächst, wie du größer und stärker wirst.

Nun fühle diese Kraft und Energie dieser ersten vier Energiezentren, Fühle, wie deine Lebensfreude, wie dein Mut erwacht und größer wird, größer und größer wird. Fühle die Sehnsucht und die Freude, die daraus kommt.

Du bist beides:

Erde und Himmel. Du bist der Übergang und der Kreislauf ist in dir.

Lenke nun all deine Gedanken und Vorstellungen in dein Herz.

Atme es ein, das Licht, Kraft und alles was dir sonst einfällt.

Fühle, wie du durch und durch erglühst, wie dein Körper auf deine geistigen Anweisungen reagiert. Fühle die Bewegung des Lichtes hinauf durch den Hals und in die Schädelbasis. Spüre, wie das Licht sich dort in kristallenen Klängen bricht.

Spüre weiter und fühle die Lichtpunkte in deinem Gehirn, wie sie es von innen her erleuchten. Sieh, wie die graue Gehirnmasse ganz golden wird. Fühle dieses goldene Glühen, während dein Gehirn scheinbar seine Frequenz erhöht, seine Schwingung intensiviert und immer feinere Wahrnehmungen hat.

So ist dein ganzer Körper nun vom Scheitel bis zur Sohle ein einziger glühender Lichtkörper.

Fühle dich in diesem Lichtkörper in der Materie und spüre, wie deine Schwingungen intensiver geworden sind. Du bist in einem Körper, der in der Lage ist, sich in kosmische Kanäle einzustimmen, ein wunderschönes, wunderbar kompliziertes Instrument. Du bist der Tänzer und tanzt für Ihn. Du bist die Harfe und klingst in seiner Melodie.

Nun vereinige diesen Lichtkörper in Form eines Lichtstrahls, wie ein Laserstrahl im Herzen. Spüre Kraftlinien, den Strahl wie er nach oben hin Verbindung aufnimmt zu allem was ist. Fühle die Heimkehr und freue dich.

In dieser Freude kannst du fest in deiner Göttlichkeit stehen, in deiner Freude am Sein im Hier und Jetzt. Denn nur in der Freude bist du in deiner Göttlichkeit gegenwärtig, als eine Idee des All-Umfassenden.

Wenn du diese Idee in dir erkannt hast, dann erst erkennst du deinen wirklichen Namen. Und dieser Name ist dein Licht, dein erblühter Same, die Quelle deiner Freude, und seines Liedes und der ewigen Heiterkeit.

Du erkennst

„Ich bin die Klarheit meines Seins"!

Ich bin heimgekehrt in das allumfassende Bewusstsein.

Wenn wir uns mit dem achten Mantra und dem obigen Symbol der Bewusstwerdung mit seiner weißen Strahlung befassen wollen, dann kommen wir nicht mehr umhin, uns gleichzeitig mit dem Begriff des Chakras zu beschäftigen und damit zu arbeiten. Chakras sind fein-stoffliche Energiezentren, die durch diese Mantras angesprochen werden. Lass uns hier gleich in Verbindung mit dem achten Mantra über das achte Chakra die wichtigsten Erläuterungen über diese Energie-zentren zusammenfassen, die in den nachfolgenden Kapiteln näher betrachtet werden sollen.

Das achte Mantra bzw. Chakra beinhaltet in Wirklichkeit in deiner Vor-stellungswelt etwas, was du über dieses Thema glaubst zu wissen.
Es gibt dabei in der Literatur sehr viele Vorstellungsbilder über die sieben Energiezentren als Energiewirbel, die im achten Chakra ihre „Verdichtung" bzw." Essenz" finden.

All das stellt sich natürlich in Wirklichkeit ganz anders dar.

Vielleicht kannst du dieses Wissen, besonders über das achte Chakra über dein Tagesbewusstsein, über den Verstand einmal etwas anders sehen lernen.

Gestehe dir zu all dein gelerntes Wissen loszulassen, um frei zu werden für etwas, dass du in Wirklichkeit fast nicht imstande bist, dir vorzustellen und nicht mit dem Verstand fassen kannst.

Gehe mit dem bewussten Atem einmal in das Bewusstsein deines Seins. Ziehe dabei einmal alle Aufmerksamkeit von den äußeren Dingen und Situationen ab und fühle in dich hinein. Wenn du so willst, kommst du so wirklich in das Bewusstsein deines Seins.

Wenn du jetzt in dich weiter hineinfühlst, schaltest du sozusagen vom Denken in ein Fühlen, in deine Intuition um und du erkennst dabei, dass dies genau der Formulierung des achten Mantras und dem damit in Verbindung stehenden Chakras und seinem visualisierten weiß strahlendem Symbol entspricht:

„Ich bin im Bewusstsein meines Seins!"

Warum ist das so!

Lass dir dieses „Nicht-Fassbare" über die Ebene des Verstandes ansatzweise erklären:

Warum ist das achte und außerkörperliche Chakra jetzt so wichtig geworden? Warum ist dies das Bewusstsein deines Seins und was bedeutet das für dich in deiner Lebenssituation?

Mit dem achten Chakra wirst du dir deines wirklichen Seins bewusst!

Lass uns die einzelnen Chakren, die im Nachfolgenden näher erläutert werden einmal kurz streifen:

Das erste Chakra. Das Wurzelchakra

Es symbolisiert mit seiner Energiequalität deine Verbindung mit der Materie, in der Materie sein.

Das zweite Chakra, dein Sexualchakra

Es geht hier um die Energie des Lebens, eine Energiequalität, die eine Verbindung zum Leben, zum Äußeren, zu sozialen Kontakten ermöglicht.

Das dritte Chakra, dein Sonnengeflecht

Es symbolisiert ganz allgemein eine Lebensenergie in dem Sinne, dass du dich in der Gestaltung deines Lebens bewusster weiterentwickeln kannst.

Die zugrundeliegende Aufgabe, der energetischen Zusammenfassung dieser drei Energiezentren, sprich Energiequalitäten oder energetischen Bewusstseinsinhalten, besteht vor allem darin, diese als einen Bewusstseinsinhalt zu empfinden, der sich in die Materie eingebunden sieht und dort auch existent und sozial handlungsfähig ist.

Es ist ein Bewusstsein deiner Lebensenergie, die dir das Gefühl gibt mit der Erde, mit den Menschen, mit einem Menschen, mit deinen Situationen deines Lebens verbunden zu sein und sich hier zugehörig zu fühlen.

Deine generelle Lebensenergie kann sich hier natürlich nur stark entfaltet darstellen, wenn du hier in diesen drei Chakren, bzw. auf diesen drei Bewusstseinsebenen keine, zumindest gravierenden Blockaden aufweist. Das heißt, wenn du mit und in deiner Existenz in der Materie einverstanden bist, und ebenfalls in deiner partnerschaftlichen Beziehung zur Erde, zum Partner, zur Lebenssituation, dann hast du auch eine starke harmonisch ausstrahlende Lebensenergie im Sinne eines:

„Ich bin in dieser Welt".

Und dieses Bewusstsein deiner Verankerung in der Welt ist die Voraussetzung für das Funktionieren des vierten Chakras, um überhaupt fähig zu sein, lieben zu können. Denn all die Schwierigkeiten, die sich für dich in deiner Welt gezeigt haben, liegen begründet in einer mangelnden Liebeskapazität und einer daher dominant gewesenen Liebesbedürftigkeit. Diese mangelnde Liebeskapazität und das damit unerfüllte Leben ist ganz einfach daraus entstanden, dass du es damals noch nicht annehmen konntest, mit all den scheinbaren Schwierigkeiten in der Materie zu existieren, sich mit Partnerschaften jeglicher Art zu konfrontieren. Somit warst du aber deinem Leben nicht gewachsen.

Weil diese Voraussetzungen sich noch nicht entfaltet hatten, noch nicht gegeben waren, deshalb und nur deshalb gab es die Schwierigkeiten in der Kapazität, im Potential deiner Fähigkeit lieben zu können.

Die Erklärung dafür ist einleuchtend und logisch. Bist du mit den Situationen deines Lebens nicht einverstanden, dann kannst du sie nicht lieben. Und liebst du sie nicht, dann liebst du auch die, in dieser Verbindung mit diesen Situationen stehenden Personen nicht. Das war bist jetzt dein Problem. Du warst mit den Situationen deines Lebens nicht einverstanden.

Aber all das gilt es im Hinblick auf das Verständnis von funktionierenden Chakren als qualitative emotionale Bewusstseinsinhalte zu erkennen und mehr und mehr zu empfinden - und es ist so wichtig, um überhaupt lieben zu können. Und um überhaupt lieben zu können, musst du erst einmal mit dem Hier und Jetzt deiner Lebenssituation einverstanden sein, die du ja emotional aus deiner Vergangenheit heraus gestaltet hast und die sich im Jetzt und Hier darstellt.

Diese äußeren Lebenssituationen sind wiederum eine Spiegelung deiner inneren Geisteshaltung, mit all den damit verbundenen Affekten, Gemütszuständen, Einstellungen und Vorstellungen.

Ist dein Bewusstsein weiterhin der Vergangenheit verhaftet, lädt es sich energetisch natürlich mit all den in der Vergangenheit erlebten Ent ~ Täuschungen, Schmerzen, Leid auf, mit all dem Befürchteten, das sich wiederholen könnte.

All diese Energie erfüllt dein Bewusstsein und aus der Vergangenheit kommend, über den jetzigen Augenblick deiner Unsicherheit, gestaltet sich dann das Potential deiner Zukunft in der gleichen energetischen Qualität wie das, was du in der Vergangenheit zu empfinden glaubtest.

Denn natürlich waren all diese Dinge nicht so, wie du sie jetzt über deine Vergangenheit subjektiv empfunden und über den Verstand zu erkennen glaubtest. Es waren Lernsituationen für dich. Es waren Möglichkeiten des Erkennens. Und wenn dir dies möglich wird jetzt bereit zu sein, all den Schmerz der Vergangenheit zu neutralisieren, sprich die schmerzliche Erfahrung, die Wiederholung einer solchen Erfahrung loszulassen, so bist du in diesem Punkt des Augenblickes, wo die Göttlichkeit wohnt, angekommen.

Symbolisch bist du dann im Mittelpunkt deines Lebenskreuzes!

Du bist einverstanden mit dem linken Balken des Kreuzes, deine Vergangenheit symbolisierend, mit deiner Körperlichkeit, dem in der Materie sein, dem unteren Balken des Kreuzes, mit deiner Geistigkeit, symbolisiert mit dem oberen Balken des Kreuzes und erst daraus kannst du in eine unbelastete Zukunft, symbolisiert durch den rechten Balken des Kreuzes gehen.

Dieser Punkt des gleichschenkligen Kreuzes ist sehr wichtig, denn das nicht gleichschenklige Kreuz das du kennst, hat ja seine Verlängerung hinein in die Materie, hinein in die Vergangenheit und damit ganz automatisch hinein in das Leid. Deshalb ist es so wichtig das Kreuz im Sinne der Speichen des Rades gleichwertig zu sehen.

Denn bist du in der Gleichwertigkeit so bist du in der Harmonie deines Seins, nun nicht nur in der Harmonie deines Körper seins, sondern auch daraus kommend in Harmonie mit deinem Geist.
Harmonie mit deinem Geist bedeutet aber eine vertrauensvolle Offenheit für ein göttliches Sein. Fühle dich darin über den Augenblick, und durch deinen Atem hier einmal öfters ein.

Hier lass hier die Worte entstehen:

„Ich bin das Licht- Ich bin Gottvoll".

Diese Wortformen die deinem Verstand so unvorstellbar erscheinen, weil er kaum etwas damit verbinden kann, wie wir es schon bei den Ausführungen über die Mantras deutlich gemacht haben, gehen und wirken als Mantras über deine Körperlichkeit hinaus. Sie gehen weit über das hinaus, was du normalerweise in der Lage bist dir vorzustellen und dir zu wünschen. Denn dein Verstand polar orientiert und orientiert sich an materiellen Formen. Er ist nicht in der Lage sich ein Sein vorzustellen. Deine Existenz als ein „ICH BIN", dieses „ICH BIN" gehört einer höheren Seinsebene an und hier ergibt sich ein reizvoller Zusammenhang.

Alle Welt spricht vom Übergang in die vierte oder fünfte Dimension. Und schon wieder spürst du hier wieder die Form des gleichschenkligen Kreuzes.

Du siehst den Schnittpunkt des Kreuzes vor dir und wenn du nun diese streng geometrische Form in der senkrechten und in der waagrechten stehend nimmst und diese um 45 Grad kippst, hast du das „**X**" – das Zeichen mit dem du banal im Alltag etwas ankreuzt, also eine Entscheidung triffst.

„Dieses hier will ich - Dies ist die Erfüllung all meiner Wünsche"

Das ist das was ich will und du kreuzt es an. Nun hast du diese Form des Kreuzes in der Schrägen, und wenn du es jetzt oben und unten ergänzt, hättest du wieder die Form der Acht. Wenn du es aber nicht ergänzt, sondern offen lässt, zeugt wieder symbolisch davon, dass du dich „Nicht begrenzen willst", dass du dich unbegrenzt zu empfinden bereit bist. Sei es in bezug auf deine Vergangenheit, auf dein materiell manifestiert sein.

Wenn du grundsätzlich allein durch deine grundsätzliche Entscheidung bereit und offen bist, dich als ein unbegrenztes Wesen zu empfinden, dann kommst du zum unvorstellbaren Gedanken in dir, dass du in Wirklichkeit auch über die Körperlichkeit der Anderen manifestiert sein könntest und möglicherweise, dass du dich ebenfalls auch in den anderen Dingen darstellst.

Jetzt, über die Idee der Spiegelung bezogen, scheint dir der so vorher absurde Gedanke auf einmal gar nicht mehr so absurd, sondern überaus logisch. Wenn du dich wieder in all den Situationen deines Lebens zu spiegeln imstande bist, wenn du dich in deinem Nächsten wieder erkennst, wenn du quasi selbst dieser dein Nächster bist, dann bist du, welch interessanter Gedanke als materielles Wesen gar nicht so begrenzt, wie du ursprünglich geglaubt hast, begrenzt zu sein. Du bist also auch im Materiellen nicht isoliert.

Du bist eigentlich wirklich alles was ist, also daher göttlich, sprich allumfassend von deiner Natur her. Du stellst dich als Allumfassendes nur unterschiedlich dar im Außen. Das was sich dir materiell zeigt, sind die unterschiedlichen Aspekte deines Seins.

In Wirklichkeit spiegelst du dich in allem was ist und in dieser bist du ein Weinstock mit unterschiedlichen Reben, aber ein Sein bzw. ein Weinstock, sprich eine immaterielle Idee. Diese Idee hat sich in unterschiedlichen Aspekten, den Reben und dem Stock manifestiert. Dieses Sein, dein Eins-Sein, kann sich nun je nach Betrachtungsweise unterschiedlich darst-ellen.

Lass es dir noch durch das Beispiel des Lichtes verdeutlichen. Wenn das Licht durch ein Prisma hindurch geht, teilt es sich auf in die Regenbogenfarben, aber es ist eigentlich ein Sein. Es öffnet sich wie ein Fächer.

Du, dein Nächster, du und deine Lebenssituationen seid wie ein geöffneter Fächer und du kannst diesen Fächer wieder schließen, eben durch dieses Einverstandensein im Augenblick:

„Du bist eins!"

Dann kannst und müsstest du sie auch lieben, weil sie zu dir gehören. Und dieses lieben können bzw. diese Akzeptanz zeigt sich dann dadurch, dass du bereit bist deine Situationen anzunehmen und nicht polar zu bewerten, besonders nicht in Gut oder Böse.

Auf der psychosomatischen Ebene ist genau der Hals der Hals der dazugehörende Bereich auf dem dein Kopf sitzt, den du dann unterschiedlichen Richtungen zuwenden kannst. Dieser Hals zeigt dir dann somatisch deine Sicherheit im Lieben können, egal wohin du schaust.

Überall erblickst du Liebe und du bist frei dir von überall die Bestätigung der Liebe geben zu lassen. Da ist dann keine Angst, keine Enge.

Denke daran, wenn du in diesem Bereich glaubst Schmerzen oder „Klöße" zu haben. Denke an die Angst der Enge. Denke an ein „ nicht zu dir stehen können", weil dir die Kapazität des Herzens und seiner Liebesenergie durch dein „Nichteinverstandensein" können fehlt.

Also, in der Kapazität der Liebesfähigkeit zu sein, bedeutet ein grundsätzliches einverstanden sein. Wenn du das über dein drittes Auge, das die Einheit deines polaren Sehens symbolisiert gelernt hast zu einheitlich sehen, dann fällt es dir nicht mehr schwer, über das sich dann dadurch geöffnet habende siebte Chakra, dem Kronenchakra mit der Göttlichkeit in Verbindung zu sein.

Hier im siebenten Chakra ist noch deine Bereitschaft erforderlich dich mit der Göttlichkeit in Verbindung zu setzen und was hier erforderlich ist für dein Öffnen ist der wesentliche Faktor, dass du dich liebenswert empfindest. Denn das hängt wieder mit dem Bewusstseinsinhalten der sich so unterschiedlich darstellenden Chakrenenergien dar.

Bist du mit diesen Ebenen nicht in Harmonie fühlst du dich logischerweise nicht geliebt, nicht liebenswert und daher ist meist dein siebentes Chakra geschlossen.

Es geht im siebenten Chakra um das Erkennen und Akzeptieren der Harmonie hinein in den Mittelpunkt in der Form des Kreuzes. Dadurch kann die Leiderfahrung egalisiert und harmonisiert werden, allein durch dein Einverstanden sein, auch durch das Einverstanden sein mit dem angeblich Dunklen, dem Materiellen, den angeblich so „schmutzigen" körperlichen Darstellungen, all deiner materiellen Bedürftigkeit, mit deinen Ansprüchen und Phantasien, die du als nicht spirituell zu akzeptieren bereit bist.

Erkenne, dass das sich materiell Darstellende durchaus als spirituell zu interpretieren ist, auch das was du bisher als schuld oder sündhaft empfunden hast. Es ist in Wirklichkeit in seinen Augen total spirituell gewesen. Sei dir dessen bewusst.

Erkenne, dass das achte Chakra eigentlich die Zusammenfassung all der Chakren, vom Ersten bis zum Siebenten ist, die du nun im Nachfolgenden kennen lernst.

Wenn du die Wichtigkeit der Notwendigkeit erkennst, das erste mit dem siebenten Chakra in Übereinstimmung zu bringen, dann bist du wirklich spirituell in der Alltäglichkeit deines, sich darstellenden Alltagsleben, das dann weitgehend harmonisch verläuft.

Du hast begriffen, dass alles, was dich umgibt, alles was dir begegnet, alles was du zu erkennen bereit bist, was du aufgrund deiner Sinnesorgane wahrnehmen kannst, spiritueller geistiger Natur ist.

Es ist immer eine Botschaft der Göttlichkeit an dich. Es ist die Sprache deines Engels. Gott, dein Engel, deine Intuition spricht durch die Situationen deines Lebens zu dir. Er/Sie spricht durch deinen Nächsten zu dir und zeigt dir damit und dadurch wie du in Wirklichkeit bist. Das ist das Wichtige. Hier geht es um deine „Wirklichkeit". Du befindest dich dann in diesem Bewusstsein in deiner wirklichen Wirklichkeit wieder.

Mit anderen Worten ausgedrückt:

Wie sieht es in dir wirklich aus. Bist du so positiv wie du glaubst dich darstellen zu müssen oder sind in dir nicht doch unakzeptierte Schmerzerfahrungen aus deinen früheren Lebenssituationen, die du noch nicht verarbeitet hast und wodurch du noch nicht in Harmonie sein kannst. Wodurch sich natürlich wieder energetische Blockaden durch dein Nicht-Einverstanden sein ergeben können. Das kann dir auch über die körperliche Symptomatik sehr deutlich aufgezeigt werden, die dir über den Schmerz etwas deutlich machen, dir etwas zeigen will, was du noch nicht integriert hast.

All diese Situationen deines Lebens wollen dir doch nur zeigen, woran du noch zu arbeiten hast. Du musst diese Symboliken nur durch-blicken. Literatur gibt es genug, die dir hilft diese Symbolik zu entschlüsseln. Dieses daher noch „Unbewusst-Seiende" hängt mit der Chakrenenergie zusammen.

Also, um in die Erfahrung in die Bewusstwerdung deines achten Chakras zu kommen, in das Bewusstsein deines Seins, wo du in Harmonie bist, mit der Göttlichkeit eins bist, sprich in der Liebe bist, musst du einverstanden „werden".

Der Verstand kann dies mit einem bloßen Lippenbekenntnis nicht schaffen, da er dir aus deinen begrenzten Erfahrungen nur einen schmalen Teil deines Gesamtbewusstseins eröffnet. Das Unvorstellbare, für dich noch Unbewusste, kann er nicht erfassen.

Aber bei der Öffnung des achten Chakras geht es gerade darum, deine emotionalen Sensoren so sensibel auf noch unerledigte Situationen einzustellen um sie zu erkennen, ins Bewusstsein zu heben und zu durchblicken. Und es ist nur zu logisch, dass du mit allem, sei es auch noch so weit zurückliegen mag, grundsätzlich einverstanden wirst.

Erst dann, über dieses Einverständnis schaffst du es dich der Liebe der Göttlichkeit zu öffnen und damit dich als liebenswert zu sehen.

Wagst es vor Gott hinzutreten und zu sagen: „Vater, dein Wille geschehe. Ich bin bereit mich von dir lieben zu lassen", dich also in dein Licht zu begeben, anzunehmen dass du würdig bist, dann trittst du ein in dieses Bewusstsein des achten Chakras.

Dann bist du auch im Bewusstsein deines Seins, was nichts anderes bedeutet nichts anderes als in sein Licht der Liebe zu treten. Dein Sein wird dann zu seiner Liebe. Und er liebt grenzenlos.

Dies ist also das Mantra deines achten Chakras:

„Mein Sein ist seine Liebe – Ich bin das Licht- Ich bin Gottvoll".

Dieses eröffnet dir dieses Bewusstsein deines in seinem Licht zu sein.

So geschehen in diesem Licht die Wunder der Heilung deiner Lebenssituationen. Über dieses Mantra bist du imstande diese Kraft auszustrahlen um damit über dieses Ausstrahlen deine neue Welt, eine neue Dimension deines Seins zu gestalten bzw. zu bewirken.

Hier noch ein paar Erläuterungen über den Verstand um es besser begreifen zu können:

Wenn du dich in diesem Bewusstsein deines achten Chakras befindest, in seinem Lichte der Liebe zu dir, in dem Bewusstsein seines Seins bist, wo bleiben dann die Erfahrungen der Polarität, wo die Erfahrungen des Schmerzes, wo die Erfahrungen des Leids, der Sorgen?

Es ist überwunden. Du bist dann im Augenblick - Es ist kein zeitlich limitierter Punkt, sondern dieser Augenblick ist ein Bewusstseinszustand.

Aus diesem wirklichen Sein im Augenblick, wird etwas Heiliges bzw. Heilsames geboren: Dein Eins-Sein mit dem „All-Umfassenden", der Göttlichkeit.

Wenn du hier das Bild der Acht nimmst und das an diese Geschichte mit der scheinbar unsinnigen Fragestellung, wie kommt das Kamel durch das Nadelöhr?

Es genau dieser Punkt des Seins im Augenblick. Siehe diese Acht nun liegend, also horizontal, um es mit dem Bild des Kamels zu verbinden. Dieses materielle Kamel vor dem Nadelöhr, symbolisiert ein sehr enges Tor. Es steht hier für ein symbolisches Stadttor, dem Durchgang zu deinem neuen Bewusstsein. Das beladene Kamel symbolisiert dabei all deine Vorstellungen, deine Sorgen, deine Wünsche, deine Befürchtungen.

Wie bringst du es nun hindurch?

Du musst dein Kamel entmaterialisieren, es loslassen mit all dieser Beladung. Du musst es quasi versinnbildlichen. Denn die Idee des Kamels bringst du ohne weiteres durch das Nadelöhr hindurch. Die Idee deines Mensch-Seins ist auch gleich einer Reflexion, ein Bild der Göttlichkeit.

Diese Idee ist sehr einfach zu transformieren und in das Bewusstsein deines achten Chakras zu integrieren und somit in seine Liebe wieder einzubringen. Es ist die Rückkehr ins Paradies, in den Garten Eden, den du, materiell gesehen, vergeblich im Außen gesucht hast oder noch suchst.

Wenn du dich hier als grundsätzliche Idee siehst, bist du im Sinnbild der liegenden Acht:

Auf der einen Seite das materielle, das schwere, festgefügte. Dann der Augenblick im Jetzt im hier, im Nun, dort wo sich beide Schlaufen berühren. Auf der anderen Seite der Schlaufe, das geistige spirituelle, du selbst als die göttliche Idee, die sich auf der anderen Seite materiell darstellt.
Wenn du also grundsätzlich bereit bist, deine Vorstellungen, deine Einstellungen, dein Denken und Befürchten in dieser Materie, in die du dich eingebunden wähnst, loszulassen, um dich als ein geistig spirituelles Bild erleben und empfinden zu können, schlüpfst du durch das Tor, durch den engen Punkt der Achterschlaufe auf die andere Seite in sein Licht.

Du hast dich dann soweit „entmaterialisiert", dass du so die Problematiken des ersten bis siebten Chakras losgelassen hast und damit dein göttliches Bewusstsein akzeptierst, das dein Leben jetzt gestaltet aus dir heraus. Es ist ein „Bewirken" und nicht mehr tun müssen.

Die Idee bewirkt, nicht dein Tun. Du bist dann in der Harmonie im Materiellen und im Geistigen. Du bist dann „sowohl" als „auch".

Der Same einer Eiche folgt ja auch nur der zugrundeliegenden Idee, vertrauend darauf, dass aus ihr eine starke Eiche wird.

Wie stellt sich dann das Neue dar?

Früher war es ein materiell orientiertes Bewusstsein. Jetzt ist es ein spirituell energetisches Bewusstsein, das mit einer Bewusstseinseinstellung arbeitet und dein Leben bewusst gestalten kann ohne materielle Bedürftigkeit. Du empfindest dich dann nicht mehr hilflos und erfolglos, dich nur orientierend an gewissen relativ moralischen Richtlinien:

„Das tut man laut Vorschrift und Gebot nicht und das ist gut, das ist nicht gut, laut Vorschrift und Gebot."

Es ist eine Moral die über der menschlichen steht und aus schenkender Liebe handelt. Du erkennst und durchblickst ohne Ängstlichkeit und ohne Bedürftigkeit in diesem Bewusstseinszustand, was die Liebe zu dieser und jener Situation erfordert. Es bedarf keiner äußeren Richtlinien mehr. Dieses Tun und Leben aus diesem Bewusstseinszustand heraus lässt dir auch gegenüber deinem Nächsten, deiner Lebenssituation, das zu fließen, was diese für ihr Wohl und ihre Entwicklung brauchen. Und das geschieht in Harmonie und spiegelt ja nur dein aus Liebe bestehendes göttliches Bewusstsein. Da ist kein Angriff und kein Kampf. Du hast den Durchblick, was die Situation erfordert.

Du siehst die Dinge und dein Leben ganzheitlich.

Das Leben und du seid eins!

Dazu braucht es kein Gut sein, kein Helfen müssen, keine Entscheidung, Es gibt keine Trennung in Negatives und Gutes, oder Böses. Im „Nun" bist du in der Harmonie deines Seins. Gott ist Mensch geworden und du bist in Gott.

Alles bleibt und ist Liebe!

Dein Erwachen

Sei zu guter Letzt in deinem Tempelschlaf der Heilung wieder mit deinem Atem ganz präsent in deinem Körper, deinen Empfindungen und dem Gefühl für den dich umgebenden Raum.

Lass deinen Geist, deine Gedanken ganz bewusst noch einmal los und sei bereit einen kleinen ersten, aber intensiven Ausflug in die Energien, die zuvor erläutert wurden, zu machen.

Fühle die Energie in deinem Körper zirkulieren, von innen ... von außen...

Zehre von der Kraft des Lichts durch deine Identität als individuelles göttliches Selbst.

Stell dir einen Brennpunkt des Lichts in der Mitte deiner Brust vor, in deinem Herzen. Färbe dieses Licht hellgrün und beobachte, fühle, spüre es wachsen und glüht, bis es die Größe einer kleinen grünen Sonne von etwa zehn Zentimetern Durchmesser hat.

Fühle das Pulsieren dieser kleinen hellgrünen Sonne in deiner Brust, wie sie Wellen von hellgrüner Strahlung um dich herum aussendet. Nun spüre, wie diese Sonne sich in Dampf auflöst und langsam in deinem Körper aufsteigt, durch den Hals, den Kopf, sich ein kleines Stück über dem Kopf sammelt, etwa eine Handbreit über dir, und eine hellgrüne strahlende Wolke dort bildet.

Visualisiere die Verwandlung der Wolke in eine Welle und spüre dann, wie sie sich verteilt, abwärts, über unter, und um dich hemm, bis hinunter zu den Füßen, und dich in einen hellgrünen, dunstigen Mantel aus dampfender Strahlung einhüllt.

Nun lass deinen physischen Körper das grüne Licht aufnehmen. Fühle wie es in deine Zellen einfließt, bis hinein ins Knochenmark, bis es sich vollkommen in dir auflöst.

Nun folge dem gleichen Ablauf wie für das hellgrüne Licht und ziehe aus der göttlichen Präsenz, die du bist, eine Quelle hellen elektrisierend blauen Lichts, das vom Zentrum deines Halses ausgeht.

Lass sie wachsen und glühen, bis sie die Größe einer kleinen Sonne hat.

Fühle kreisförmige Wellen von dieser hellen elektrisierenden blauen Kugel, die das Füllhorn enthält, ausgehen, mit durchscheinenden Farben, wie ein wunderschönes blaues Glasfenster, die sich in alle Richtungen ausbreiten.

Höre auf ihren Klang.

Nun spüre die elektrisch blaue Kugel aus glühendem blauen Licht sich in einen blauen Nebel auflösen und langsam, sanft zu deiner Stirn aufsteigen, um sich in Gestalt einer lebhaft hellblau gefärbten Wolke mit dem Horusauge darin, direkt über dir zu sammeln.

Visualisiere die Wolke dort wieder als eine Welle und sieh dann, wie sie sich in deinem ganzen Körper, über dir, unter dir und um dich herum ausbreitet und dich in einen Mantel aus hellem, elektrisch blauem Nebel einhüllt. Fühle sie, sich sie, spüre sie, wie sie in deinen physischen Körper gezogen wird und sich in den Zellen, dem Blut, dem Knochenmark auflöst.

Schließlich spürst du eine Kugel aus hellem, fast blendendem weißem Licht, ein Weiß, wie du es nie zuvor gesehen hast, ohne eine Spur Gelb, ein Weiß, so weiß wie unberührter Schnee.

Sie dieses Weiß in Form eines hell leuchtenden Sonne in deinem Kopf, unter dein Schädeldach, und fülle deinen ganzen Kopf damit. Fühle, dass nun in deinem Kopf eine Sonne aus leuchtendem reinstem Weiß leuchtet.

Lass die Strahlungswellen Wellen sich in alle Richtungen ausbreiten. Spüre ihr Pulsieren, höre auch hier ihren Klang, und beobachte in Ruhe, wie sich die reine weiße Sonne auflöst und ihr Dampf in Form einer Wolke über deinem Kopf aufsteigt.

Halte das Bild dieser Wolke eine Weile über deinem Kopf und spüre darin, wie sie sich in deinem Körper, über, unter und um dich herum ausbreitet und dich bedeckt, umhüllt und in einer Wolke aus reinster weißer Strahlung hält.

Erkenne, wie dein Körper diese weiße Strahlung sanft aufnimmt und sich jede Zelle an ihr labt, von ihr genährt, geheilt, erhoben, geläutert wird, bis das Weiß sich völlig im Körper auflöst, bis ins Knochenmark.

Wenn du also zu dir eigentlich sagst:

„Ich kann mich nicht begreifen", gibst du dem „Großen" Geist in dir Raum durch dich Hindurch zu treten und zu wirken!

Dann anerkennst du, dass deine Vorstellungen über dich zu klein sind um dich begreifen zu können! und jetzt der nächste Schritt!

Begib dich also im achten Chakra hoch hinauf in das Unvorstellbare in die Nähe Gottes.

Wie? - Formuliere es so: Ich kann mich zwar nicht begreifen - aber:

- **„Ich bin stolz auf mich!"**
- **„Ich bin erwünscht" und es wert „beschenkt" zu werden"**
- **„ Gott ist immer in mir – deswegen bin ich liebens – "würdig"**
- **Ich bin stärker als jede Herausforderung!**
- **Ich bin die unbegrenzte Kraft, mein unbegrenzter Glaube durch mein Vertrauen zu mir!**

Wenn du das zunehmends fühlst und spürst und nicht mehr begreifen willst, dann kannst du mit dem unbegreiflich "Erfüllenden" gefüllt werden!

Es „antwortet" dann aus dir:

Ich bin das „Ich bin" alles was ist - „Mein Wille geschehe! - Ich bin dein Diener und gebe dir alles, was du brauchst aus der Kraft deiner Überzeugung und Glaubens!"

Begreifst du jetzt SEINE Worte:

„Selig sind die Armen im Geiste, denn ihrer ist das Himmelreich!"

"Ich Bin", der ich für dich sein werde"!

„Großer Geist – Großes Licht –Allmächtiger
Schöpfer allen Seins,
Das was in mir ist. Der Urgrund von allem, Das
„All–Eine"
Der Atem der hinter allem Leben steht –
Der Geist, du „Quelle allen Seins"
Erhöre mich – Erfühle mich– Erfahre mich!
Großer Geist– Großes Licht– Aus Dir bin ich
gekommen
Aus deinem Sein bin ich gekommen–
Ich bin dein Sein.
In deinem Herzen wohne ich, aus deinem Herzen
komme ich,
in dein Herz fließe ich zurück".
Geheimnis in meinem Atem, der Brücke zu Dir–
Ich atme Dich –
Ich verbinde mich mir Dir über diese Brücke mit
deiner Liebe,
zu empfangen deinen Segen für alle Zeit.
Sei meine Kraft und Stärke durch die Brücke
meines Atems zu Dir.
Ich atme dich in der Stille meines Seins mit
meiner Offenheit und Hingabe zu dir. Gott und
nur Gott, Licht und nur Licht in mir
Komme und trete aus mir hervor!

Du kehrst nun mit deinem Wachbewusstsein wieder ganz zurück in deinen Tempel, in deine Kammer deiner Einweihung. Du erwachst, öffnest die Augen und bevor du noch die Dunkelheit des Raumes wahrnehmen kannst, öffnen sich die Tore und gleißend strahlendes Licht erfüllt den Raum.

Priester in weißen Gewändern öffnen dir das Tor. Wie geblendet erhebst du dich und du erkennst im gleichen Augenblick, dass du imstande bist, das strahlende Licht der Sonne mit neuen Augen zu sehen.

Eine neue Kraft, eine neue Würde repräsentiert sich durch dich.

So klein, so menschlich du dich in deiner Krankheit empfandest, als du in die Kammer eingetreten warst, so machtvoll fühlst du dich nun. Du erhebst deine Arme um das Licht in dir zu spüren und fühlst dich gesegnet in deinen Selbstheilungskräften, die zu wirken beginnen. Die Kraft, die dich bewegt und gesunden lässt, ist die Botschaft in und aus dir. Die Kraft, die aus dir nun erstrahlt, ist deine Einsicht, deine Bewusstwerdung, ist das Licht deines Seins. Das Licht der Erkenntnis in der Mitte deines Herzens ist erwacht.

Du spürst, wie der Same der Botschaft in dir zu grünen und zu sprießen beginnt. Du fühlst dieses Grünen und Sprießen, dieses Wachsen und Bewusstwerden, das du erblickt hast, und den Samen, den Lichtstrahl der Botschaft die du empfangen hast und zu deinem Heil mit nach Hause trägst, um dort weiter zu wirken.

So, wie es die Gottheit dir befahl, fühlst du es tief in dir!

Du fühlst noch einmal, wie du aus der Dunkelheit der Tempel-kammer hinaustrittst in das Licht. Du fühlst dich in diesem Augen-blick mit dem Himmel und all seinen Gestirnen verbunden. Dein Denken, dein Fühlen gehört dem Himmel. Du fühlst eine innige Verbindung geschwisterlicher Art mit der Sonne. Du fühlst sich mit ihr energetisch verbunden, und mit dem Mond als deine Schwester. Es war und ist das Mysterium deiner Einweihung hinein in deine neue Zeit. So entsteht das „Gute", das Helle, das Strahlende, das Göttliche, aus dem Dunklen, Schweren, Dramatischen.

Es hatte schmerzlich werden müssen, um diesen Geburtsvorgang der „Heil- Werdung" in dir hervor zu rufen.

Du gehst wieder in diese Einheit des Fließens und erkennst gleichzeitig die in dir bewusst werdende unvorstellbare, ungeheure Stärke. Obwohl so sanft, obwohl so fein und zart, obwohl kaum spür- und merkbar, ist diese Kraft hier wieder in dir.
Diese Zartheit ist keine Schwäche, ihre Sanftheit ist keine Unsicherheit. Es ist das Sicherste, was du jemals erlebt hast, es ist das Stärkste, was du jemals erleben konntest.

Auch wenn du es zurzeit noch nicht in vollem Umfange spüren kannst, so ist es dennoch da.

Jetzt, im Hinausgehen aus dem Tempel, hast du bereits begonnen deinen Weg zu gehen. Du spürst sich in einem Heilungsfeld, in diesem Licht der neuen Kraft, die dich sicher und schützend geleitet, hinein in die neue Zeit.

Du siehst, wie das Tor zu deiner neuen Zeit sich öffnet, die Schwelle der Zeit überschreitend in einen Zustand des Heil-Seins und fühlst dich erlöst. Und wenn du dich nun langsam zurückerinnerst, durch all die Dimensionen des Universums hindurch, so erkennst du klar und deutlich, dass du zum Boten geworden bist, zum ANGELOS, zum Boten der Götter, zum Boten des Gottes in dir!

Du wirst selbst zur Botschaft!

Die Botschaft in der Mitte deines Herzen verwandelt dich.

Sie verwandelt dich zum Boten, zum Boten Gottes, einem Engel, einem „Angelos".

Atme diese Energie, Bote zu sein ein und gleichzeitig erkennst du, dass du keiner Worte mehr bedarfst, dass es nichts gibt, worüber du sprechen müsstest, dass es im Grunde nichts gibt, was du zu tun hast, weil du es einfach bist.

Fühle die Verwandlung:

„Du bist diese Verwandlung."

Die Wirkung von Mantren auf das energetische System der Chakren bedeutet nichts anderes, als dass du in deiner Körperlichkeit feinstoffliche Energiezentren hast, die du über energetische „Schwingungen" beeinflussen kannst.

Das menschliche System von Körper und Geist besitzt Energiezentren, die sich auf bestimmte Bereiche deines physischen Körpers beziehen, obwohl sie sich in den feinstofflichen Körpern befinden.

So hast du hast sieben körperlich angelegte Hauptchakras, die in Beziehung zu deinem Körper fungieren. Sie liegen vom unteren Ende der Wirbelsäule an aufwärts bis zum Scheitel deines Kopfes. Es gibt zudem eine Vielzahl kleinerer Energiezentren, die anderen Bereichen deines Körpers zugerechnet werden, zum Beispiel deinen Händen, Füßen, Ellbogen und Knien. Zusätzlich gibt es eine Anzahl von Chakras, die über deinem Kopf beziehungsweise unter deinem Körper wirken.

Wenn du emotionale Probleme mit z. B. mit Hilfe von Visualisationsübungen und den Mantren oder anderen Techniken heilst, wird das eingelagerte emotional belastende Muster aus deinem Körper herausgelöst.

Wenn das Thema dort vollständig gelöst ist, erlebst du im Inneren des betreffenden Chakras ein emotionales Aufblühen seiner Funktion, auch auf körperlicher Ebene und das erlöste Muster geht mit einer neuen Qualität zum nächsten Chakra weiter.
Während ein Thema so durch dein Chakrasystem wandert, wirst du in jedem Zentrum die entsprechende Emotion erfahren, auch in den Chakren in deinem Kopf und darüber. Normalerweise erlebst du Gefühle irgendwo im Bauch oder im Herzen, wenn die Liebe das Thema jedoch nach oben hebt, erfährst du sie nacheinander auch in jedem anderen Chakra. Während das Thema nach oben steigt, wird es oft feinstofflicher erspürt, da es in eine höhere Schwingung, sprich Qualität transformiert wird.

Während das Thema durch deinen Körper hindurch nach oben steigt, kannst du oft den physischen Nachweis seines Fortschritts in Form von Druck oder Beengung spüren.

Wenn es über deinen Kopf steigt, kannst du buchstäblich das Gefühl haben, an der Kopfhaut nach oben gezogen zu werden.

Während du durch den Prozess der Arbeit mit Mantren und Visualisierung arbeitest, kann es dir schwer fallen, tatsächlich jene Liebe zu fühlen, welche die Heilarbeit leistet, weil immer noch unterdrückte Gefühle im jeweiligen Chakra geklärt und gelöst werden. Die gelösten Emotionen neigen dazu, sich in dein Bewusstsein zu drängen und deine Aufmerksamkeit von der Erfahrung der Liebe abzulenken. Meist müssen erst etwa drei Viertel eines Themas in einem Chakra geklärt worden sein, bevor du die Liebe gleichzeitig mit der Emotion erfahren kannst. Es hilft immer sehr, die Aufmerksamkeit ganz auf die Liebe zu richten, sobald man sie spüren kann.

Wenn das Thema schließlich ein Chakra durchbricht, ist es wie bei einer alten Fernsehwerbung: Ein gläserner Abfluss zeigt, wie sich der Rohrreiniger durch eine dicke Verstopfung frisst, und dann, noch bevor aller Schmutz gelöst ist, bricht sich das Wasser kraftvoll zischend eine Bahn. Es gibt einen vergleichbar triumphierenden Durchbruch, wenn die emotionale Blockade geklärt worden ist und die Liebe es geschafft hat, ein Chakra vollständig durchzuwaschen. Dies ist dann ein Freisetzen von Liebe, das nicht der Körper, sondern der Geist erspürt.

Nun beginnt die Liebe das Thema auf der nächsthöheren Chakraebene zu klären. In unserem Vergleich mit dem Rohrreiniger könnte man sagen, dass die blockierende Emotion nun auf einen Ausfluss mit einem kleineren Querschnitt zufließt, an dem sie noch weiter zerkleinert werden muss, um weiterzukommen. An jedem Punkt, an dem das Thema Halt macht, um bearbeitet zu werden, verliert der Mensch üblicherweise den Kontakt mit der Erfahrung von Liebe, und doch ist die Liebe weiterhin anwesend. Sie ist es ja, die alles vorwärts und aufwärts bewegt in einem Prozess, der zu einem Wunder und zum unmittelbaren Kontakt mit dem Geist Gottes führt.

Wusstest du, dass du Liebe in jedem deiner Chakras auf ganz unterschiedliche Weise erlebst?

„Liebe" erfährt man auf jeder Chakraebene unterschiedlich.

Während die Chakras sich öffnen, um den Heilungsprozess immer weiter nach oben zu bewegen, wird die Liebe, welche Heilung bewirkt, zu einer immer feineren Erfahrung. Im Herz-Chakra besteht sie im unmittelbaren Erleben der menschlichen unpersönlichen Liebe und des Mitgefühls zu einem Menschen das sich warm und zärtlich anfühlt.

Wenn das Thema zum fünften Chakra aufsteigt, ins Kehlkopfzentrum, und erfolgreich hindurch gelangt, ist die daraus entstehende Liebe ein süßes Gefühl der Einheit mit der erlebten näheren oder weiteren Umgebung. Du wirst sie in diesem Leben vielleicht nie körperlich sehen oder umarmen können, aber du kannst spüren, wie wertvoll sie dir sind.

Die Erfahrung von Liebe am dritten Auge, dem sechsten Chakra, besteht in einer tief berührenden Dankbarkeit, was sich wie die Gewissheit anfühlt, von Ahnen, Engeln und Himmelswesen, von Buddha und Christus unterstützt und ermutigt zu werden.

Vom Kronenchakra an, dem siebenten Zentrum, wird Liebe als Freude erlebt. Du erkennst, dass Liebe und Freude dasselbe sind, denn Freude ist nichts als eine sehr feinstoffliche Erfahrung von Liebe. Von dieser Ebene an wirst du dir der Quelle der Liebe bewusst - deiner Beziehung zum Allumfassenden in dir.

An diesem Ort spürst du eine große persönliche Liebe, die von oben in dich einströmt, und du realisierst, dass sich diese Liebe ständig in dich ergießt, ob du es bemerkst oder nicht.

Vom achten Chakra an, das etwa so acht bis fünfzehn Zentimeter über deinem Kopf erfahren wird, erfährst du die Liebe, die aus der Göttlichkeit kommt – dein "Eins-Sein".

Chakren sind also sozusagen „Bewusstseinseinstellungsenergien", die unterschiedliche Ebenen von Gefühlen und Einstellungen betreffen.

Sie werden unterschieden, um sie dir über den Verstand vorstellbar zu machen.

So kannst du lernen, mit diese Energiequalitäten umzugehen. Symbolmantren sprechen diese Chakren, diese psychischen Energiezentren an.

Die Chakren wiederum wirken über das Drüsensystem in die Körperlichkeit hinein.

Erkenne, dass dieses Unterscheiden auch wieder aufgehoben werden kann, wenn es therapeutisch für dich wichtig ist. Natürlich ist hier entgegen jeglicher dogmatischen esoterischen Tradition anzumerken, dass die Spiritualität, die du ursprünglich im Kronenchakra angesiedelt geglaubt hast, genauso im Wurzelchakra zu finden ist.

Das ist sehr wichtig!

Das erste Energiezentrum
„Ich bin eine Rosenknospe – Ich bin bereit mich zu öffnen".

Dein erstes Chakra ist sozusagen das, was sich von deiner Körperlichkeit her am tiefsten Punkt, der Erde zugewandt, befindet. Dieser Punkt wird auch Steißbein genannt.
Genau dort an diesem Punkt liegen auch deine Organe, die du von ihrer Funktion her von ihrer Ausscheidungsfunktion wegen, oft auch durch die Erziehung bedingt, bis jetzt oft als unrein betrachtet hast. Deshalb hast du ja auch Schwierigkeiten, all das was sich über das Materielle darstellt, als rein, als licht, als spirituell zu erkennen. Aber das ist im Grunde nichts anderes als eine Programmierung der du bis jetzt unterworfen warst.

Jetzt aber, bist du aufgefordert zu erkennen, dass im Grunde jede Programmierung aufgelöst werden kann.

Aber um diese Programmierung, die oft in unbewussten Glaubenssätzen wurzeln, aufzulösen, geht es darum das Wurzelchakra, mit dem du mit der Materie in Verbindung stehst, akzeptieren zu lernen. Hierin einbezogen ist natürlich auch deine Körperlichkeit.

Hier gilt es zu lernen zu deinem Körper eine spirituellere, lichtere Einstellung zu bekommen.

Es ist hier nicht mehr statthaft zu sagen:

„Pfui das ist ja nur körperlich",

wie es vielen vermeintlichen Esoterikerkreisen zu vernehmen ist.

Denn alles was du denkst und empfindest, stellt sich ja über deinen Körper dar. Und dein körperliches Erscheinungsbild ist im Grunde nichts anderes als eine der Ausdrucksmöglichkeiten einer, von hoffentlich liebevoll tiefen Gefühlseinstellungen getragenen Gedanken zu dir.

Es geht um deine Gedanken an das Helle, deinen Hohen Mut, deine Zuversicht und dein Glaube an dich in deinem körperlichen Ausdruck als Erfahrung. Es ist darin nichts Unreines zu sehen, sich in jeglicher Form körperlich ausdrücken zu dürfen.

Wenn du diese Körperlichkeit nun bewusster annimmst, auch mit all deinen körperlich orientierten Gedanken und Gefühlen und gleichzeitig bereit bist dich, als Ausdruck deiner Körperlichkeit total zu akzeptieren, hast du deinen ersten spirituellen Standpunkt grundsätzlich erreicht.

Jetzt bist du zusätzlich noch eingeladen, all die Ereignisse deiner Körperlichkeit, auch die Vergangenheit in dieses totale Akzeptieren mit einzubeziehen. Egal, was du immer über deinen Körper erlebt hast, was jemals geschehen ist und natürlich nach wie vor in dir energetisch wirksam ist, all das bist du eingeladen zu akzeptieren. Siehe es als ein Ausdruck eines geistigen göttlichen Lernprogramms.

Erinnere dich, noch einmal daran, als du anfangs noch keinen Körper besessen hast, und dir gedacht hast, es wäre doch eine hochinteressante und traumhaft faszinierende Erfahrung einmal die Dinge über die Körperlichkeit erleben zu können. Und das war auch der Grund, deiner Inkarnationen in die Materie hinein.

Das war auch der Grund der Annahme verschiedener Körper weiblicher, männlicher Art um dadurch unterschiedliche Erfahrungsmöglichkeiten zu haben. Vielleicht kannst du so auch den Gedanken der Reinkarnation besser akzeptieren.

So bist du nun aufgefordert deine Energie des ersten Chakras zu akzeptieren im Sinne:

„Ich bin eine Rosenknospe – Ich bin bereit mich zu öffnen".

Das heißt:

Sieh die Rose als ein Symbol der Liebe zu dir und du kannst dir nun deine Rosenfarbe selbst aussuchen. Eine weise Rose der Unschuld, eine rosa Rose als Zeichen der bedingungslosen Liebe, eine rote Rose als ein Symbol der Leidenschaftlichkeit und erotischen Liebe, eine lila Rose als ein Symbol der spirituellen Liebe, wie immer du es sehen magst. Aber beginne diese Energiequalität deines ersten Chakras zu lieben und erkenne, wie das erste Chakra sich dann, wenn du es liebst mit dem siebenten Chakra deckt. Erkenne hier die totale Übereinstimmung deines in der Göttlichkeit seins, in deiner Verbindung mit der Erde, der formgebenden „Mutter", die es dir erlaubt dich als göttliche Idee in der Form, in der Körperlichkeit auszudrücken.

Alles, was sich dir daraus darstellen konnte, ist so im Grunde göttlich, das heißt „gleich!- gültig" und „allumfassend".

Fühle diesem Gesagten nach und erkenne wie wahr dies ist.

Beginne durch Hineinspüren in das erste Chakra nun öfters eine Liebesbeziehung. Atme Liebe in Form von rotem Licht in dein erstes Chakra und fühle, wenn hier Bilder aus der Vergangenheit auftauchen.

Hier kannst du nun für dich erkennend, das Verständnis aufbringen, dass alles sich im Äußeren darstellende, nur eine geistig spirituelle Lern und Erfahrungssituationen war und ist.

Es gab daran nichts Böses oder Schmutziges. Erst gesellschaftliche Regeln und das damit programmierte Denken haben es dazu gemacht. Denn wenn du als geistiges Wesen scheinbar in die begrenzende Dunkelheit und Bedürftigkeit der Erde gegangen ist, so hat die Erde doch nur ihre Aufgabe erfüllt, dir die Sicherheit im Materiellen zu vermitteln, dich sicher fühlen zu lassen in deinem Körper.

Atme dieses Gefühl:

„Ich bin in meinem Körper sicher"

Das ist ein ganz wesentlicher Heilungsvorgang für dich. Wenn du es annimmst, dich in deiner Körperlichkeit sicher zu fühlen, entsteht natürlich daraus das Bewusstsein, Herr und Meister über deinen Körper zu sein. Du liebst deinen Körper und alles was er jemals getan hat. Du liebst deine Körperlichkeit im Erkennen des geistig spirituellen Hintergrundes dieser Darstellung. Und aus dieser Liebe zu deiner Körperlichkeit heraus kannst du einverstanden sein.

Es gibt hier keine Schuld, keine Sühne.

Es gibt nur ein Einverstanden sein. Fühle es, und liebe all dein gelebtes Leben, liebe deine Vergangenheit, wie weit sie auch zurückliegen mag, wie schmerzlich sie auch war. Liebe all deine Leben die du auf Erden manifestiert hast. Und aus diesem Gefühl des Einverstandensein-Seins atme und fühle die heilende und harmonisierende Energie, die dir über dein Atmen über dein Bewusstsein zuströmt.

Das zweite Energiezentrum
„Ich bin die Einheit in meinem Sein"

Und in der Stille des Vorgangs deines Atmens berührst du dein zweites Chakra. Es ist dein „Hara", dein Sexualchakra. Hier erlebst und erfährst du die Energie aufbauend auf dein Wurzelchakra im Sinne eines

„ Ich bin die Einheit in meinem Sein"

Das heißt, du bist einverstanden mit deinen Ausdrucksmöglichkeiten, den Demonstrationen deiner körperlichen Energien hier auf Erden. Dieses „Einverstanden sein" ist so wichtig, und höre dabei die Stimme des Kindes in dir. Du hast gehandelt wie ein Kind, noch unbewusst, aber auch rein und unschuldig in all deinem Tun.
Kinder handeln nicht aus böser Absicht und all das, was du über das erste und zweite Chakra getan hast, war niemals in böser Absicht getan. Es war nur das Kindliche in dir, ausgestattet mit einer mehr oder minder großen Kapazität des Selbstvertrauens oder nicht Vertrauens.

Es war unbewusst in deinem Tun!

Du durftest unbewusst sein, denn gestehe dir zu, dass du ein Wesen der Göttlichkeit bist, das sich entwickelt.

So bist du in diese Erde gekommen, um hier die Möglichkeit zu haben, dich aus deinem materiell sein in ein geistiges Sein hinein zu entwickeln und genau dieser Prozess vollzieht sich in dir jetzt, und dementsprechend um dich herum, im Außen.
Damit du jetzt für deine weitere spirituelle Entwicklung lernst, dich nicht nur über die materielle Sicherheit, über das Äußere zu definieren, wirst du sozusagen über schmerzliche oder bedrückende Situationen in das Bewusstsein deiner geistigen Sicherheit „hineingetrieben". So bleibt dir dann oft gar nichts mehr übrig als die Flucht nach vorne anzutreten. Es gilt so, das Vertrauen und die Sicherheit in dir selbst, unabhängig von äußeren Situationen zu lernen.
Die Flucht aus dem, sich nur materiell, bedürftig empfindend hinaus in ein immer deutlicher werdendes geistiges Vertrauen in dein wirkliches Selbst, geschieht dann stärker und deutlicher in deinem Sonnengeflecht, in deinem dritten Chakra und darum geht es ganz besonders:

Ich bin das Rad – Ich bin die Mitte.

Dieses Mantra fordert dich auf dich vom „Rad der Wiedergeburt",
wo sich ständig die gleichen Lernsituationen wiederholen und
darstellen, zu befreien. Du kannst gar nicht mehr anders, weil deine
Lebenssituationen, schmerzlicher werdend, dich auffordern dich zu
entwickeln, so intensiv, dass du sie gar nicht mehr ertragen kannst.

Erkenne die Möglichkeit, dass du dich über dieses Mantra befreien
kannst.

Wenn du nämlich bei diesem Bild des Rades in deiner Mitte bist, so
hast du zu all den anderen äußeren Positionen liegenden Dingen
den gleichen Abstand – eine quasi „Gleich-Gültigkeit".

Aus diesem Abstand kannst du alle Dinge mit Gleichmut, ohne
emotionale Verstrickungen erkennen. Du erkennst alles im Äußeren
als eine für dich dargestellte Botschaft. Du lernst das Gute, wie auch
das weniger Gute, das Angenehme wie auch das weniger Angenehme mit Distanz zu sehen. Dies so „emotionslos" zu sehen, ist
der Schlüssel zur Lösung deiner oft ausweglosen Lebenssituationen. Denn aus dieser Mitte deines Sonnengeflechtes, kannst du
dich auf eine neue Bewusstseinseinstellung ausrichten.

Dort kannst du sozusagen das Gefühl, quasi dein „bewusstes
Bauchgefühl" klärend, die Stabilität finden und in Übereinstimmung
bringen mit der universellen Sonne, der Göttlichkeit in dir.

Hier findest du die Klarheit, was die Situation wirklich von dir
verlangt. Du begibst dich sozusagen dann in die unerschöpfliche
Kraft des „Neu- Erschaffens" aus deiner Göttlichkeit heraus.

Du erkennst, dass du deiner inneren Macht immer bewusster wirst
und dass du in dir dieses Schöpfertum angelegt hast. Dieses ist in
der Lage die Dinge im Äußeren zu verändern ohne ein äußeres Tun.
Diese Kraft bringt dich in Resonanz mit Situationen, die dich und
dein Leben harmonischer und zielgerichteter weiterbringen.

Dieses Schöpfertum soll dir über diese unteren drei Energiezentren wieder bewusst werden. Diese wirkende Kraft der Klarheit hilft dir in deinem Leben wieder Meister dieses Lebens zu werden und dich nicht länger als ein hilfloses Opfer deiner Lebensumstände zu empfinden.

Du wirst dir bewusst, dass du ja in Wirklichkeit aus deiner Mitte heraus, aus diesem Gleichmut, in Konfrontation mit jedweder Situation deines Lebens problemlos in der Lage bist, jede Situation deines Lebens zu verändern.

Sieh, wie es früher war! -Du warst in Schwierigkeiten. Du konntest nicht mehr daran glauben, dass das Leben schön sein und sich harmonisch für dich darstellen könnte.

Warum?

Weil du in und an der Peripherie dieses Rades mit deinen einseitigen Gefühlseinstellungen und Gedanken verhaftet gewesen bist. Dort hast du sozusagen an deinem Leid, deinem Schmerz festgehalten. Aber der Schmerz, dieses Leid entstand ja nur dadurch, dass du hier an dieser Situation eben nicht im Gleichmut festgehalten hast, sondern emotionale Scheuklappen dich darin verstrickt hatten. Du warst es außerdem gewohnt:

„Aber es ist doch mein gutes Recht, aber es steht mir doch zu, aber, aber aber...".

So hast du lamentiert Tage, Wochen, Monate, ja Jahre. So sind immer noch Restbestände dieser geistigen Einstellung in dir zu finden. Nach wie vor jammerst du, zwar immer stiller werdend dennoch über gewisse Dinge trauerst du immer noch nach.

Aber du bist eingeladen zu erkennen, dass sich dies hat so darstellen müssen, im Sinne deines Lernprogramms, damit du dich endlich auf die Reise zu dir machst und dich aus deiner gemütlichen Grabesruhe weiter entwickelst

Vielleicht verstehst du, wie wichtig es ist für dich ist, in deine Mitte zu gehen, damit du endlich das Tor zum bewussten Gestalten deiner Lebenssituationen aus deiner Mitte heraus durchschreiten lernst.

Du lernst die Situationen schöpferhaft aus deiner Mitte heraus zu gestalten und die äußeren Darstellungen dieser schöpferischen Kreativität werden umso klarer, je mehr du in der Lage bist dich darin fokussierend bzw. zielbewusst zu bewegen.

Das geht aber wie gesagt, nur von deiner Mitte aus!

So, und nur so, kommst du zu Möglichkeiten, die sich dein kleiner beschränkter Verstand, ohne sich abzuzappeln, nie hätte träumen lassen.

Sei also bereit, all das Alte loszulassen. Klammere nicht länger an Äußerlichkeiten.

Geh in die Mitte und sei und denke:

„Ich bin"!

Was bist du?

„Diese eigene Kraft, diese Stärke, die Erfüllung all deiner Wünsche":

„Ich bin die Kraft und Stärke und die Wahrheit meines Seins".

Kannst du dich dorthin zurückziehen, in die Mitte deines Seins?

Es geht um dieses loslassen können aller bisherigen Vorstellungen um eine neue Qualität in dir gebären zu können:

„Ich bin die Erfüllung all meiner Wünsche".

Fühle, dass es dich befreit und in die Mitte bringt. Übe dieses in deiner Mitte sein über deinen Atem, und erkenne, dass all diese Schritte für dich die wesentlichen Voraussetzungen sind, um dann in dein viertes Chakra kommen zu können:

In dein Herzchakra, das Energiezentrum deiner Liebesfähigkeit. Denn, wie denn sonst könntest du beginnen, überhaupt fähig zu werden zu lieben, wenn du nicht bereit geworden bist, das Vergangene zu akzeptieren.

Darauf begründet sich erst deine Liebesfähigkeit!

Das vierte Energiezentrum
Das Geheimnis der Liebe:
„Ich bin die „Einheit in der Zweiheit"

Solange du nicht einverstanden bist, kommst du immer wieder in das alte Schema der Bedürftigkeit, etwas haben zu wollen, meinen, es brauchen zu müssen, eines bedürftigen Glaubens der erforderlichen, zwingenden Wiedergutmachung erlittenen Unrechts.

Also, deine Liebesfähigkeit, was heißt, über dein Herz glücklich sein zu können, begründet sich auf dein Einverstanden sein. Und dieses wirkliche „Einverstanden- Sein" aus dem Herzen heraus ist die Stufe zu deinem Glück.

Atme und fühle in das erste, das zweite und das dritte Energiezentrum. Die Harmonie deines Unterleibes und dein Herz beginnt dann zu „erstrahlen". Atme in dieses Erstrahlen deines Herzens ein und fühle, dass dir dieser energetisch funktionierende Unterbau der ersten drei Chakren ein sicheres Fundament gibt, um von nun an immer glücklicher werdend, zu einer neuen Liebesfähigkeit gelangen zu können.

Das Geheimnis der Liebe ist über den Verstand, über dein Denken nicht zu erfassen. Dem Geheimnis der Liebe kannst du nur begegnen mit offenem Herzen. Nur wenn dein Herz ganz offen ist, bereit ist, sich vom Leben lieben und tragen zu lassen, dann nur und nur dann über diese Bereitschaft, begegnest du der Liebe.

Erkenne auch hier wieder, dass du von den Situationen, die du im Äußeren erlebst niemals getrennt bist. Es ist eine scheinbare Polarität. Aber du und deine Situationen sind eins:

„Ich bin die Erfüllung all meiner Wünsche".

Es betrifft dieses Einverstanden sein mit dem gelegentlich polaren Ausdruck deines Partners/in, deiner sich disharmonisch zeigenden Lebenssituationen der/die oft so sehr deinen vordergründigen Wünschen widerspricht.

Aber erkenne, dass du die Einheit in der Zweiheit bist, sowie sich die Form, das Symbol des Herzens darstellt:

Es sind zwei Hälften, zunächst auseinanderstrebend, aber doch mit dem gleichen Ursprung, an der Spitze, die wieder in der Mitte zusammentreffen.

Das heißt, dass du hast nur scheinbar Gegensätze die du in Wirklichkeit hast, sei es die private oder die berufliche Situation. Und wenn du nun dieses Verbunden sein immer deutlicher erkennst, dass du wirklich im Sinne einer Lernaufgabe mit jedem anderen verbunden bist.

Denke dabei vor allem an Personen mit denen du gerade ein paar Differenzen und Schwierigkeiten hast-, dann kannst du wirklich lieben.

Atme dieses verbunden sein mit diesen Situationen und Menschen ein:

„Ich bin so sehr mit dir verbunden"

Du nimmst quasi diese Menschen, diese Situationen an dein Herz, duchlichtest diese.

Sieh diese in einem rosaroten Licht, der Energie deines Herzens und du fühlst recht deutlich:

Liebe erwacht, ein immer stärker werdendes Gefühl der Liebe mit dem anderen - Gerade also mit dem, der/die dir so sehr Schwierigkeiten macht.

Und jetzt kommt die entscheidende Erkenntnis:

„Du bist für mich die Erfüllung all meiner Wünsche",
gerade weil du für mich ein so hervorragendes Lernprogramm
darstellst.

Du inhalierst quasi diese Verbindung mit diesen schwierigen Situationen und Menschen. Durch diese Energie wirst du quasi mehr und mehr in die Erfahrung kommen, dass sich deine und seine Situation mehr und mehr harmonisiert.

Du verstehst den anderen, aber registriere, dass sich dieses auf der Herzensebene darstellt und die Wünsche und du die Sehnsüchte des anderen beileibe nicht erfüllen musst.

Du nimmst den anderen in seinem „So-Sein" in dein Herz!

Das ist wirkliche Liebe!

Es bedeutet nicht, dem anderen all seine Wünsche zu erfüllen, was du eh nicht kannst, denn der Wunsch des Anderen ist in Wirklichkeit gerade nicht diese vordergründige Erfüllung, sondern die notwendige Möglichkeit des Lernens auch für ihn, in den sich ihm in seiner Bedürftigkeit noch zeigenden und darstellenden Schwierigkeiten durch dich.

Beim anderen steht die Lernerfahrung ebenfalls genauso hoch, wie die Bedürftigkeit seines wünschenden vordergründigen Egos.

Der andere braucht sein Lernprogramm genauso wie du deines.

Und über beider Lernprogramm seit ihr bei miteinander verbunden. Die Lernprogramme sind übereinstimmend und die Harmonie ist immer gegeben.

Das fünfte Energiezentrum
„Ich bin die Erfüllung all meiner Wünsche"

Und nun, aus dieser Ebene des vierten Energiezentrums heraus, gehst du hinein in dein fünftes Chakra.

Dieses fünfte Chakra ist besonders interessant für dich, denn die Situation dieser Energieebene sagt sehr viel über deine derzeitigen Lebensdarstellungen.

Über das fünfte Energiezentrum, auch Halschakra genannt, hast du die Möglichkeit unterschiedliche Betrachtungsweisen zu erleben. Das heißt, du kannst den Kopf wenden. Und wenn du in diesem übertragenen Sinne flexibel bist, kannst du nach links und nach rechts schauen, teilweise auch nach rückwärts.

So bist du in der Lage, viele Speichen deines Lebensrades zu erkennen und was sich am Ende einer solchen Speiche auf der Peripherie solcher erlebter Situationen sich findet.

Hier kannst du all diese Situationen aus deiner Mitte heraus als gleichwertig erkennen lernen.

Dein Hals hängt auch zusammen mit deinem Schlucken, also mit deinem Annehmen. Angst, und empfundene Enge deines Seins kann sich über den Hals sehr gut darstellen.

Also, jedes Problem, das du im Bereich des Halses hast, zeigt dir deine Angst, eine Enge. Es ist deine Angst der Herausforderung einer Situation nicht gewachsen zu sein. Du kannst also etwas nicht annehmen, du wehrst dich aus einer Enge heraus.

Stell dir einfach vor, dass du eine Pille schlucken musst und jetzt Angst davor hast, an dieser Pille zu ersticken. Dann verengt sich dein Schlund, verkrampft sich und du bringst sie nicht hinunter - und jede schwierige Situation in deinem Leben war eine solche Pille.

Auch die jetzige Situation ist für dich grundsätzlich die nicht angenehmste. Aber je bereitwilliger du bist, es anzunehmen und diese Pille zu schlucken, desto eher kann das Heilende in deinem Bewusstsein wachsen, in dir bewusst werden.

Dein „Einverstanden-Sein" ist das Heilende in deinem Bewusstsein.

Atme dieses Annehmen öfters in deinen Hals, über deine Lungen in deine Körperlichkeit hinein. Es ist die Bereitschaft, dass du damit einverstanden bist.

Gerade wenn du eine Person in deinem Leben hast, gegen die du aggressiv reagierst, so atme liebevoll ihre Energie ein und erkenne, dass die Darstellung dieser Person nur eine sehr ausgeprägte Unsicherheit ist.

Deshalb versucht dich diese Person zu dominieren1

Du reagierst natürlich sehr aggressiv auf dieses dominiert werden. Aber deine Aggression ist dagegen selbst ein Ausdruck deiner empfundenen Hilflosigkeit, und du hast hier schon wieder diese harmonische Übereinstimmung in der Spiegelung deiner Situationen. Egal ob Dominanz oder Aggression, es ist Hilflosigkeit, es ist Angst.

Deshalb lerne die Enge, so wie sie sich hier spezifisch dir darstellt, anzunehmen!

Das sechste Energiezentrum
„Ich bin die Erkenntnis meiner Göttlichkeit"

Nun geh weiter von dem fünften Chakra, deinem Halschakra in dein Stirnchakra, in dein drittes Auge. Und dieses dritte Auge ist interessanterweise in der Mitte deiner beiden anderen Augen und ein klein wenig erhöht.

Was bedeutet das?

Weder links noch rechts, weder beeinflusst von der Vergangenheit sollst du die Dinge erkennen lernen, noch mit der Furcht über eine scheinbar ungewisse Zukunft. Siehe es in der Mitte.

So bist auch du hier wieder aufgefordert in deine Mitte zu gehen. Du akzeptierst so ein Ausdruck der göttlichen Ordnung zu sein. Jetzt geh in dein drittes Auge in die Mitte deines Sehens, wo du wirklich klar und hellsichtig deine Situationen durchblicken kannst. Es ist quasi deine Hellsichtigkeit.

Von hier aus hast du den Durchblick!

Deine beiden menschlichen Augen liegen sozusagen in dieser menschlichen Symbolik auf der materiell orientierten bedürftigen Ebene.

Dein drittes Auge liegt, sieht und liebt auf der geistig orientierten Ebene.

Es gilt quasi über diese spirituelle Ebene, die dahinterstehende Essenz deiner Lernaufgaben zu erkennen. Hier kannst du deine Situationen durchblickend sehen zu lernen, in der Essenz ihrer Lernaufforderung.

Hierin liegt die energetische Fähigkeit deines sechsten Chakras. Lerne alles energetisch zu sehen. Und so sehr dein Herzchakra sich in der Liebe mit allen Situationen verbunden fühlt, so sehr dient das sechste Chakra der Transformation des sich all sich so darstellenden für dich.

Es ist aus der Mitte heraus zu sehen!

Nimm eine schwierige Situation deines Lebens, aus deiner Vergangenheit, die du noch nicht ganz in ihrer Essenz integriert, bzw. erkennend erlöst hast.

Nimm diese Situation, eine vielleicht schwierige Beziehung:

Und jetzt betrachte sie energetisch mit deinem dritten Auge und lass jede Intuition, lass jeden Gedanken, jedes Gefühl zu. Diese Intuition wird dir nun die Wahrheit darüber sagen wird wie es damals oder heute gemeint ist oder war.

Fühle und atme ganz bewusst diese Essenz ein, fühle dich darin in dein drittes Auge ein und lass diese Impulse, diese Eindrücke zu, die dir über dein drittes Auge jetzt empfindbar werden.

Und genau hier hast du quasi die Möglichkeit über diese Intuition, über dieses Erkennen können von der materiell empfunden polaren Ebene in eine spirituelle ganzheitliche Erkenntnis zu kommen.

Es ist dein Erkennen der Wahrheit über dich, über dein wirklich „So – Sein":

Du erkennst so das liebevolle Lernprogramm, das dich mit dieser Situation oder mit diesem Partner verband.

Natürlich spielt hier nicht nur das sechste Chakra eine Rolle, sondern alle Chakren vom ersten bis zum fünften, ihren Bewusstwerdungsebenen, bis hinauf zum sechsten.

Nun, im Erkennen, wurden sie zu einer energetischen Einheit, die zu deinem bewussten Einverstanden sein führen.

Dieser erlösende Bewusstwerdungsprozess wird durch dieses Erkennen in Gang gesetzt. Auch wenn du jetzt nichts siehst oder fühlst, so geschieht dieses Erkennen dennoch in dir, durch dein grundsätzliches Offensein für die Erkenntnis.

Es geschieht auf einer unbewussten Ebene. Und die energetischen Blockaden auch in einer Krankheitsform erlösen sich zusehends.

Du fühlst dich wohler, deine psychische Energie fließt, und gewesene Problematiken werden so in disharmonischer Weise in deinem Leben nicht mehr in Erscheinung treten können.

Erkenne das Gesagte und die Wahrheit deines Seins!

Erkenne nun auch jetzt die Größe deines Bewusstseins, dass du tatsächlich begonnen hast, auf der energetischen Ebene zu arbeiten, auf der Ebene deiner Bewusstseinseinstellung.

Du bist so ein „Bewusstgewordenes", damit ein „Heilgewordenes".

Und aus diesem Einverstanden gewordenen heraus, auch dadurch dass du in immer wieder neu auftauchenden Situationen erkennst, worum es geht über dein Einfühlen in dein drittes Auge.

So wird dich kein fremd oder fehlprogrammiertes Verhalten mehr bestimmen. Es handelt sich hier natürlich oft um Prägungen, die in dich eingebracht wurden, als du dir als Mensch noch unbewusst gewesen bist bis hin zu den prägenden Einstellungen deiner Bezugspersonen und fehlinterpretierten Situationen deines Lebens.

Hier warst du dir über dein spirituelles Potential noch nicht bewusst.

So bist du nicht mehr bedürftig, im Sinne von, etwas haben oder brauchen zu müssen um geliebt zu werden. Du kannst dich jetzt selbst mit Kraft, Vertrauen und Sicherheit füllen.

Du erkennst mit deiner neuen Betrachtungsweise jetzt, dass sich diese bearbeiteten Erkenntnisse als Kriterien deines Lebens im Äußeren, quasi als die Spiegelung deines Inneren darstellen. Du fühlst dich und bist erfüllt.

Dann kannst du auch wirkliche Liebe und Vertrauen geben, die nicht mehr bedürftig ist, sondern dadurch dass du offen und bereit bist die Göttlichkeit zum bestimmenden Element in deinem Leben zu machen. Und Unvorstellbares in deinem Leben kann geschehen, da Göttlichkeit keine Grenzen kennt, und sich liebevoll unbegrenzt für dich darstellen kann.

Das siebente Energiezentrum
„Ich bin das Licht, die Sonne meines Lebens"

So beginnt dein Leben zu erblühen und so landest du beim siebenten Chakra, beim symbolischen Lotus der sich in tausend Blättern öffnet.

Das heißt, du bist bereit, an die unerschöpflichen Möglichkeiten, von der Göttlichkeit erfüllt zu werden, zu glauben. Ob du willst oder nicht, ob dein Verstand damit einverstanden ist oder nicht, aber du bist vom Inneren her bereit, an die Wunder deines Lebens zu glauben.

Deshalb werden diese mit dieser neuen Bewusstseinseinstellung in deinem Leben immer deutlicher werdend, erscheinen.

Ganz von alleine, in zufallender Weise nämlich und doch aus dem vorhergesagten gesetzmäßig:

Du öffnest dich der Göttlichkeit und Göttlichkeit erfüllt dich. Und aus dieser Ausstrahlung heraus kommen diese äußeren Reflexionen dieser sich harmonisch unbegrenzt für dich darstellenden Situationen.

Du darfst es annehmen:

„Ich bin das Licht, die Sonne meines Lebens"

Das goldene Licht deiner Göttlichkeit in dir, die dir dein Leben zunehmend neu gestaltet. Du bist nicht länger getrennt. Du bist in der Einheit mit der Göttlichkeit. Du bist im Himmel deines Bewusstseins im achten Chakra, das sich außerkörperlich darstellt, quasi das Symbol des Göttlichen, All-Umfassenden.

Du bist wieder zuhause angekommen!

Das achte, außerkörperliche Energiezentrum
„Das Geheimnis der geflügelten Sonnenscheibe"

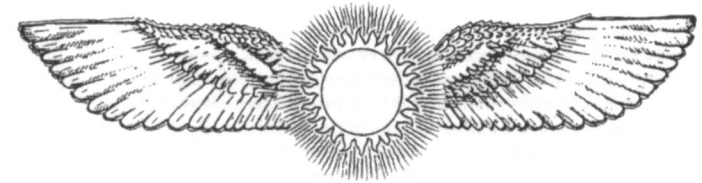

Noch empfindest du das Leben und das Lernen als anstrengend.
Du empfindest es oft als streng und mühsam.
Im Wort „streng" ist natürlich auch das Wort Enge, und damit auch
die Angst enthalten. Die Strenge und die Enge, die wenig Luft lässt.
Du meinst in deinem Leben zuwenig Spielraum, zuwenig Freiraum
zu haben.

Und hier kommen wir auf einen sehr interessanten Punkt:

Wieso fühlst du etwas als eng und streng. Wieso glaubst du in
bestimmten Situationen keinen Spielraum zu haben?
Warum könnte man glauben in gewissen Situationen engen,
strengen Dingen ausgeliefert zu sein?
Es geht hier um deine Empfindung und es ist wichtig auch das in
Liebe so zu betrachten. Es ist niemals unter dem Aspekt einer
Schuld zu sehen.

Es ist nur der Hinweis im Sinne von:

Warum empfindest du etwas als Überforderung?

Denn das Lichtportal, das sich hier über das außerkörperliche
Energiezentrum für dich öffnet, ist von hoher Energie. Die Konfrontation mir dieser hohen Energie, dieser „Lichtenergie", was in
der Übersetzung für eine starke, nicht in deiner Macht stehende
psychische Energie steht, wird meist als sehr streng und schmerz-
haft empfunden.

Warum?

Weil diese hohe schwingende Lichtqualität dich zum Loslassen all deiner alten Ängste und Unsicherheiten zwingt und du von deinem Mensch sein nichts mehr behalten darfst.

Es gilt zu erkennen:

Warum ist es so eng, so streng?

Es geht im Prinzip um die Klarheit deines Herzens.

Du bist sozusagen eingeladen, einzutreten in den Kreis derer die das Licht sind, also einzutreten mit deinem klaren Herzen.
Nur wenn dein Herz klar geworden ist, d.h. ohne bedürftige emotionale Verstrickung; nur wenn du offen bist, ohne Bedingungen, ohne Vorstellungen über dein Leben, also nur als reines Sein, in der Bereitschaft für Gott und nur Gott da zu sein, wirst du mit dieser Energie umgehen können.

Nur wenn dem so, ist wirst du dem Licht in dir begegnen können.

Im anderen Falle - nun ja- könnte das Licht dich „versengen".

Es könnte dir sehr unangenehm erscheinen.

Denke nur zum Beispiel an eine Inkarnation, wo du als Mönch ein Klosterleben führtest, um ausschließlich für Gott und für deine Brüder und Schwestern da zu sein. Du fandest deine Erfüllung in der Bedingungslosigkeit anderen „Dienen zu dürfen".

Siehe es auch heute so, in der Bedingungslosigkeit dienen zu können. Sieh im übertragenen Sinne die Aufgabe deines Lebens nun darin, dem Licht zuliebe bedingungslos zu sein. Das ist dann wahre Demut. Das heißt, du hast den Mut dem Licht, dem Allumfassenden, dem Göttlichen zu dienen.

Was steht dahinter und warum diese Forderung, im Sinne deiner Bereitschaft bedingungslos zu sein.

Erkenne darin etwas sehr interessantes!

Es ist hier ein Missverständnis vorhanden in bezug auf Bedingungslosigkeit und der damit verbundenen Befürchtung und Erfahrung hier missbraucht zu werden.

Wenn du bereit bist, psychisch, als echte Einstellung empfunden, bedingungslos zu dienen, d.h. wenn du keine Bedingungen an das Leben stellst, bist du auch nicht mehr bedürftig. Du lebst in der Einstellung, dass du bereits alles erhalten hast, um bedingungslos sein zu können. Es ist eine innere Bereitschaft zur Bedingungslosigkeit. Dies impliziert dein bewusstes Wissen darüber und dein Fühlen, dass du sowieso ständig alles bekommst, was dir Göttlichkeit sowieso schenken will.

Das ist es, worum es im Grunde in deinem Leben bei dir in deinem Leben geht.

Was wolltest du hier eigentlich in deinem Leben erleben?

Das Ziel deines jetzigen Lebens ist es doch wirklich wieder, ganz einfach glücklich zu sein.

Jetzt kommt die interessante Hinführung:

Wann nur und wodurch nur schaffst du es tatsächlich glücklich zu sein?

Stell dir einmal vor, du hättest weiterhin Erwartungshaltungen und Wünsche. Dann wartest du einfach immer auf die Voraussetzungen, nämlich im Sinne der Vorstellung:

„Was könnte mich endlich glücklich machen - Wann kommt es endlich?"

Dann würdest du aber als Mensch immer bedürftig und unsicher sein, es zu schaffen. Sei es, diesem wundervollen Menschen, auf den ich hoffe zu begegnen, das Haus zu erwerben oder genug Geld zu haben oder was immer du glaubst an Voraussetzungen für dieses Glück brauchen zu müssen.

Aber jetzt löst du dich von all deinen Vorstellungen und du bist bereit dich der Göttlichkeit zu überantworten. Du bist bereit eins zu werden mit dem Göttlichen deines Seins. Jetzt bist du bereit mit der Göttlichkeit dieses dein „Erfüllt sein" anzunehmen.

Nimm auch hier den Leitspruch als Motto:
„There is no way to happiness, happiness is the way."
Es gibt keinen Weg zum Glück- Glücklichsein ist der Weg!

Bedenke doch eines!

Du warst und bist nach wie vor ein Engel des Himmels, ein Engel des Herrn. Dieser Engel begab sich zwecks Erfahrungsmöglichkeiten innerhalb der materiellen Manifestationen in die Körperlichkeit um all diese materiellen Dinge hier auf dieser Erde erleben und erfahren zu können. Der Wunsch des Engels war es möglichst viele dieser Situationen erleben zu können.

Sieh dir dazu ruhig einmal den sehr lehrreichen Film „Stadt der Engel" an. Dessen Inhalt will dir im Sinnbild des Engels „Seth", der menschliche Gefühlserfahrungen machen wollte, begreiflich machen, dass du in diesem Leben reich beschenkt bist, diese Erfahrungen machen zu dürfen, an Erlebnissen egal nun welcher Art.

Anders formuliert, ist doch ein Engel eine personifizierte psychische Energiequalitäten, die das Allumfassende, Gott sich den Menschen auf „Anforderung zudenkt!" –d.h. ein Engel ist weder gut noch böse: „Er ist" bzw. ein „Im Licht Gottes seiendes Wesen".

Somit sind Menschen doch alle besondere Engel, die bloß etwas zu tief in die Materie, sprich in unser selbst erschaffenes energetisches Hologramm eingetaucht, sind um sich polar in allen Schattierungen erfahren zu können und all die dich umgebenden Dinge, Situationen, sind das, was du daraus machst.

Das kann ein Engel nicht! - Er ist ja „nur" eine bestimmte festlegte Energie, quasi eine Melodie im gleichen Takt, Rhythmus, Lautstärke so zu sagen. Im Prinzip ist das eine Existenz, ein Leben, wie eine Suppe ohne Salz!

Aber du als Mensch, als „gefallener", sprich in die Materie „herabgestiegener" Engel kannst deine „Melodie" verzerrt, von hinten oder vorne, schräg, schrill, arrhythmisch, sprich in eine ungeheuren gegensätzlichen Gefühlspalette spielend, erleben und erfahren und auch ein bisschen Angst und Unsicherheit kann dabei ja bleiben.

Wo bliebe da sonst der Reiz eines Mensch geworden seins, wenn du als ein vorheriger Engel nicht mehr unsicher sein kann, aber nur eine Melodie spielen kann, ohne mal auch eine Variation oder andere ausprobieren zu können.

Wo ist da der Unterschied zum Engelsein?

Also erlaube dir immer wieder ein klein wenig ängstlich zu sein. Es ist wie ein Schmuck, die Unsicherheit ein bisschen spüren zu dürfen. Das ist eine wunderbare menschliche Erfahrung, die ein Engel wie du nicht in der Lage ist, zu spüren. Das ganze fühlt sich dann so an, als könntest du auch mit deinen Ängsten gut Freund sein.

Natürlich waren für dich als Engel die erschreckenden, schmerzhaften Erlebnismöglichkeiten von besonderem Interesse und auch du hattest von diesen Möglichkeiten ausreichend bekommen.
Also, als ein „Engel des Herrn" bist du reich beschenkt worden mit irdischen Möglichkeiten, denn als ein Engel des Herrn, der Gott sehr nahe steht, ist Reichtum sowieso keine Frage, denn du bist als „Eins - Seiendes" mit Gott auf jeden Fall so reich wie Gott, das heißt unbegrenzt.
Das ist der letzte Schritt der Bewusstwerdung, der nun möglicherweise bei dir noch ansteht, weil du es bis jetzt aus menschlich begreifbarer Sicht nicht gewagt hast, dich als ein göttliches Wesen zu sehen. Aber nun ergeben sich Sachzwänge, dich als ein solches annehmen zu müssen. Denn, das sich Öffnen der „Lichttore" auf diesem Einweihungsweg deines Seins, setzt ein Offensein und das Zulassen dieser einströmen wollenden „himmlischen" Energien voraus.
Die Schwierigkeit der Situation besteht nun möglicherweise darin, dass, wenn du nicht zu dir und deiner Göttlichkeit „Ja" sagst und du hier nicht zu dir stehst kannst, auch nicht ja sagen kannst, zu diesen himmlischen Energien, die sich durch dich manifestieren wollen.
Sagst du dann auf einmal „Nein" zu dir, ist das gleichzeitig ein „Nein" zu diesen himmlischen Energien. Und ein „Nein" ist eine Blockade, ein sich dagegen sträuben.

Du kannst dir dann gut vorstellen, dass dieses „Dagegen sein" heißt, dass du dein wirkliches Sein nicht annehmen willst, was dann auf der anderen Seite ein Abwehren deiner großen psychischen bedeutet.

Gegen diese psychischen Lichtenergien, auch transpersonale Energie genannt, hast du keine Chance. Diese „psychischen Energien" verlangen von dir ganz konsequent, bedingungslos mit dir einverstanden sein zu müssen.

Denn, bist du im Sinne von: *„Liebe deinen Nächsten, wie **„Dich Selbst"*** total einverstanden, hast du keine Blockaden, keine Widerstände mehr. Dann bist du nun auch einverstanden, dass „dein" Licht des Himmels in dein Leben strömt.

Das ist der entscheidende Punkt:

Ein „Ja" zu dir ist eine bedingungslose Hingabe zur Göttlichkeit deines Seins, dieses „Ja" zu Gott". Und diese Energieströme, die durch dich strömen wollen sind Gottes Energie. Wenn du nun ja sagst und offen dafür bist, ohne dir Gedanken zu machen, im Sinne von:

"Bin ich würdig, werde ich es aushalten".

dann nimmt dich Gott in diesem Augenblick der Hingabe liebevoll auf und sagt: „Sei willkommen".

Genau das ist nun die Heimkehr des verlorenen Sohnes, der verloren geglaubten Tochter. Hier wird und ist nun alles „gut", weil du bereit geworden bist, es anzunehmen und es geschehen zu lassen.

Es geht darum deinen menschlichen Willen loszulassen, deine Vorstellungen, deine begrenzten Wünsche:

„Dein Wille geschehe" und „Gott lebe du mein Leben - Mein Wille wird zu deinem Willen - So geschehe dein Wille".

Du wirst sein und werden, das Wesen, das du bist:

Die reine Idee Gottes, des Lichts, der Liebe!

Atme diese Liebe und lass dich durch immer noch vorhandene etwaige Vorstellungen, Ängste deinerseits nicht irritieren.

„Gott und nur Gott – Ich lasse seine Realität
durch mich fließen und gestalte sie!".

Atme Gott, atme seine Kraft und Energie, seine grenzenlose Hingabe an dich. Er gibt sich dir hin und du bist aufgefordert es ihm gleichzutun. Auf einmal spürst du, dass diese Energie da ist.

Das Zauberwort war: *„Gott gibt sich dir hin und du gibst dich Gott hin"*!

Jetzt in diesem Augenblick geht die geflügelte Sonnenscheibe, seine Gegenwart in deinem Herzen auf, nicht nur in deinem Herzen, sondern auch im Äußeren, am Horizont deines Seins, und du fühlst seine Gegenwart in jeder Situation deines Lebens.

Du spürst die Liebe, die Sicherheit und Geborgenheit und in bezug auf dein Leben wird alles gut.

Du bist nunmehr die allseiende Gegenwart seines Lebens, sein Licht, seine Liebe. Deine Gedanken können dabei sein:

„Ich bin deiner Geborgenheit, in deinem Schutz, ich bin dein!"

Wenn du dich Gott hingibst, dich von ihm angenommen fühlst, dann erst nimmt Gott dich an, in diesem Augenblick deiner Bereitschaft zur völligen Hingabe. Dann ist Gott in deinem Leben. Er lebt sein Leben durch dich. Und dann wunderst du dich, wieso auf einmal in deinem Leben alles funktioniert. Du wunderst dich wieso du so glücklich bist:

Weil er es für dich und durch dich tut!

Jeder Atemzug ist dann erfüllt mit ihm, seiner Liebe und seiner Kraft. Dein bewusster Atem ist die Brücke zu ihm, von seinem Sein in dein menschliches Gemüt. So bringst du Gott in dein Leben, indem du seine Qualität atmest.

Als symbolisch Gott aus dem Lehm Adam formte, hauchte er ihm sein Leben ein, und jetzt atmest du das göttliche Leben und es ist wie ein Schöpfungsakt, eine Neuwerdung. Gleich dem Adam aus Lehm atmet Gott nun dich, haucht er dir sein Leben ein, ein himmlisches Lichtes, gotterfülltes Leben.

Siehe und erkenne in diesem Augenblick, wo du dein Leben auf Gott ausgerichtet hast, ist die geflügelte Sonnenscheibe in dein Leben getreten und beleuchtet deinen Weg.

Der Schlüssel zur Wunderheilung
Die Schlange - Symbol ganzheitlicher Heilung

Auf unserer wundersamen Reise durch unsere Chakren stoßen wir in der Bibel seltsam anmutendes Schlangensymbol:

Die „eherne Schlange"

Bild: Die Eherne Schlange von Carl Gottfried Pfannenschmidt (1819-1887)
Foto - zitiert aus Alexander Roob „ Alchimie und Mystik" – Taschen Verlag

"Die Hebräer brachen auf (nach ihrer Flucht aus Ägypten) von dem Berge Hor in Richtung auf das Schilfmeer, um das Land der Edomiter zu umgehen. Und das Volk wurde verdrossen auf dem Wege und redete wider Gott und wider Mose: Warum hast du uns aus Ägypten geführt, dass wir sterben in der Wüste?
Denn es ist kein Brot noch Wasser hier, und uns ekelt vor dieser mageren Speise. Da sandte der Herr feurige Schlangen unter das Volk. Die bissen das Volk, dass viele aus Israel starben.

Da kamen sie zu Moses und sprachen: Wir haben gesündigt, dass wir wider den HERRN und wider dich geredet haben. Bitte den HERRN, dass er die Schlangen von uns nehme. Und Mose bat für das Volk. Da sprach der HERR zu Mose: Mache dir eine eherne (metallene) Schlange und richte sie an einer Stange hoch auf. Wer gebissen ist und sieht sie an, der soll leben. Da machte Mose eine eherne Schlange und richtete sie hoch auf. Und wenn jemanden eine Schlange biss, so sah er die eherne Schlange an und blieb leben."
(AT, 4. Buch des Moses, Kapitel 21, Verse 4 bis 9)

Der Hermesstab mit Doppelschlange

Der Hermesstab(siehe oben!) ist nicht mit dem Äskulapstab zu verwechseln. Der Hermesstab mit seinen zwei geflügelten Schlangen ist ein Heroldsstab (*Caduceus*). Ein Caduceator war ein Herold, ebenso wie die griechische Gottheit Hermes (römisch Merkur).

Der Hermesstab ist das Berufs-Symbol der Handelsleute, aber auch der Ärzte.

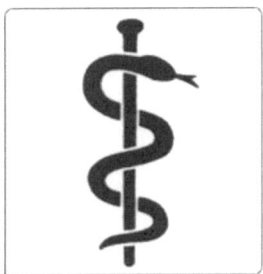

Es ist schon wundersam, dass eine eherne Schlange, die aufgerichtet wird, dem Volke zum „Anschauen aufgerichtet" Heilung von seinen Krankheiten versprechen soll.

Um das zu verstehen schauen wir uns ein Bild aus der Alchimie an, jener Wissenschaft , die heute erst zur modernen Chemie geführt hat und die nach C.G. Jung mit den sehr reichhaltigen Bildern aus dem Meer des Unbewussten für die Transformation der Materie arbeiteten.

Die Weisheit der Alchimie
und das Heilungsgeheimnis der Schlange

Die Symbolik der Alchimie, mit der sich Jung fast sein ganzes Leben beschäftigt hat, ist *uns* heutzutage nicht geläufig, deshalb mag das Thema in diesem therapeutischen Anregungsbuch jene fremdartig anmuten, die mit seiner psychologischen Dimension nicht vertraut sind.

Nicht nur, weil die Alchimie auf den ersten Blick wenig mit dem Studium der Psychologie zu tun zu haben scheint, sondern noch schlimmer:

Der Laie, der nie einen Blick in zeitgenössische Schriften zu diesem Thema geworfen hat, glaubt gemäß C.G. Jung im Allgemeinen, dass die Alchimie sich bemüht habe, simples Blei in simples Gold zu verwandeln. Seitdem die moderne Wissenschaft dieser offenkundig naiven mittelalterlichen Phantasie ein Ende gesetzt hat, gerät die Alchimie neben der Vorstellung von der Erde als einer Scheibe und anderen Relikten unserer angeblich unwissenden Ahnen auf der Müllhalde der Geschichte in Vergessenheit.

Ich möchte zu Beginn kurz einige historische Aspekte der Alchimie streifen, bevor ich weitergehe, um deren Bedeutung als psychologische Landkarte des Unbewussten für uns, sowie ihre engen Verbindungen mit der therapeutischer Symbolik verdeutlichen.

Aber aus dem Vorhergesagten und aus dieser Schrift heraus ist zu erkennen, dass die alchimistische Bildersprache ein ebenso wichtiges Werkzeug zum Verständnis für einen therapeutischen (Traumdeutungs~) Prozess ist, wie Mythen, Sagen und Märchen.

Studium und Praxis der Alchimie waren nicht auf die westliche Zivilisation beschränkt. Wir wissen von einer sehr alten chinesischen Tradition, und in den ersten Jahrhunderten christlicher Zeit war die Alchimie auch den Arabern bekannt. Im Westen kam es zu zwei wichtigen Blütezeiten der Alchimie. Die erste war in den ersten Jahrhunderten nach Christus und hatte ihren Schwerpunkt um Alexandria; die zweite fand in der Renaissance statt und konzentrierte sich vor allem auf Italien und Deutschland.

Diese zweite Blüte der Alchimie dauerte bis ins 18. Jahrhundert; dann trennten sich die Wege zwischen Alchimie und Chemie, wie auch Astrologie und Astronomie auseinander gingen. Der innere, psychologische Gehalt der Alchimie und der Astrologie trennten sich vom äußerlichen, physischen Studium, und seit der Aufklärung haben sich Chemie und Astronomie, als Zweige dessen, was wir heute als Naturwissenschaft bezeichnen, von ihren Vorgängern losgesagt.

C. G. Jung war geradezu fasziniert von den alchimistischen Texten aus der Renaissance und den Schriften der Gnostiker aus den ersten nachchristlichen Jahrhunderten, weil er das Gefühl hatte, dass alles, was so viel Kraft und enthielt, eine tiefe, psychologische Wahrheit bergen müsse. Mit der gleichen Haltung, mit der er die Symbolik von Mythen und Märchen erschloss, wandte er sich der Alchimie zu - mit anderen Worten:

Die Bildersprache der Alchimie ist eine Landkarte psychologischer Entwicklung, und insbesondere eine Aufzeichnung der Dynamik des Unbewussten, die sich im Laufe des von Jung sogenannten Individuationsprozesses entfaltete und von der wir in der Imaginationstherapie viel lernen können.

Die Alchimie scheint, wie die Mythologie, als naives und spontanes Produkt des Unbewussten entstanden zu sein. Sie ist im Grunde eine Form der Mythologie, die Bilder verwendet, die zwar anders sind als jene aus der Sagenwelt, aber aus dem gleichen Meer des kollektiven Unbewussten hervorkommen, das über die Jahrtausende hinweg auch die Geschichten aus dem Reich der Götter hervorgebracht hat.

Der größte Stolperstein beim Verständnis der Alchimie scheint für das moderne Denken die eigenartige Verbindung von Physischen um Psychischem zu sein, die nicht zwischen unbelebter Materie und inneren Zuständen unterscheidet.

In den alchimistischen Schriften, die immer von „Goldmachen" sprechen, sind physisches Gold und psychisches Gold dasselbe, und seine Ausgangssubstanz findet sich innerhalb wie außerhalb des Alchimisten. Seit der Aufklärung haben wir auf Verstandesebene den physischen vom psychischen Bereich getrennt und diese Spaltung als eine wahrheitsgemäße Aussage über das Wesen der Wirklichkeit akzeptiert.

Aber schon länger kommen in den Reihen der Wissenschafts-gemeinde zahlreiche wichtige Fragen über die Gültigkeit dieser künstlichen Dualität auf, und das Unbewusste scheint die Trennung der Bereiche ungeachtet unserer intellektuellen Anstrengungen gänzlich zu ignorieren.

Der Bereich der Substanz und der Bereich der Psyche sind in den Begriffen des Unbewussten unzertrennlich; sie sind lediglich ver-schiedene Manifestationen einer zentralen, »psychoiden« Wirklich-keit. Hier gibt es keine Materie, sondern nur Energie in verschieden-en Erscheinungsformen.

Auf diese Betrachtungsweise müssen wir uns besinnen, wenn wir hinter die Abstrusitäten alchimistischer Schriften dringen wollen. Aber die nämliche Perspektive müssen wir auch beachten, wenn wir uns z. B. mit Astrologie beschäftigen, denn was wir als planetare Einflüsse bezeichnen, kann sich sowohl auf körperlicher Ebene äußern, als äußeres Geschehen, als auch als innerer emotionaler oder spiritueller Zustand, als eine Ideologie, als eine andere Person, mit der uns eine Beziehung verbindet oder als eine beliebige Kombination dieser unterschiedlichen Ebenen.

Wenn wir uns vor Augen halten, dass das alchimistische Blei und das alchimistische Gold Dimensionen unserer selbst, und dass der Alchimist und sein Opus (Werk!) Symbole des Prozesses der individuellen Entwicklung sind, können wir allmählich erkennen, dass uns die Alchimie eine sehr wichtige Kartierung unserer inneren Entwicklung bietet. Alle alchimistischen Autoren legen großen Wert auf die Feststellung, dass die Alchimie vollendet, was die Natur unvollkommen gelassen hat.

Das der Alchimie zugrundeliegende Hauptthema ist in Wirklichkeit nicht das Goldmachen. Es geht vielmehr darum, den Rohstoff der menschlichen Wesensnatur zu transformieren und sein Potential innerer Göttlichkeit freizusetzen, nicht durch Verdrängung oder Transzendieren, sondern durch innere Konfrontation und Integra-tion. Die Alchimie bemühte sich nicht, die unedleren Aspekte der Psyche »loszuwerden«. Stattdessen war sie auf Vereinigung und Ganzheit ausgerichtet.

Dabei spielen die Begriffe:

„Sal", „Sulfur" und „Mercurius" eine große Rolle!

Wird die „prima materia", der Ausgangsstoff als materielle Grundlage des Lebens gesehen, so gibt es in der Alchemie auch Erklärungszusammenhänge dafür, durch welche Wirkkräfte sich das Leben manifestiert.
Die Alchemie geht davon aus, dass alles Existente Ausdruck einer allumfassenden und uns unsichtbaren Lebenskraft ist. Diese unsichtbare Kraft ist für die Manifestation der Materie verantwortlich und so in allem Materiellen, Sichtbargewordenen anwesend.

So sind Mensch, Tier und Pflanze Träger der Lebenskraft, wie auch jeder Lebensprozeß durch diese Kraft erst ermöglicht wird. Jegliche materielle Substanz in ihrer Form und ihrem Ausdruck ist immer auch ein Bild (Seele) dieses in ihr enthaltenen unsichtbaren Kraftpotentials. (*Computer kann man sehen, die Software als Seele, sein krafttreibendens Potential nicht!*)

In dieser Lebenskraft sind die drei unterschiedlichen Wirkkräfte, die Prinzipien „Sal", „Sulfur" und Mercurius nun wirksam. Diese alchemisischen Bezeichnungen meinen nicht die chemische Substanz als solche, sondern spiegeln/benennen Eigenschaften der einzelnen „Prima materia" – Ausgangsstoffe wider.

„Sal" nun steht für das materialisierende Prinzip, das Körpergebende, für die Materie im eigentlichen Sinn – in der jüdischen Kabbala/Lebensbaum übrigens „Malkuth" genannt. Es entspricht dem verdichtenden, und festigenden, formgebenden Prinzip.
Sal bleibt nach einer Verbrennung transformiert als Asche/ Materie zurück.

„Sulfur" steht für das beseelende Prinzip, das Bewusstmachende, das Feurige, das Individuelle und Seelische. "Sulfur" kennzeichnet die charakteristischen Eigenschaften, das Wesen eines Stoffes und zeigt dieses durch die Form, Gestalt und Farben auf.

„Mercurius" steht nun für das belebende, das lebensspendende und bewegende Prinzip, das Spiritualisierende, das Flüchtige, das Vermittelnde und Geistige. Mercurius ist die Lebensenergie, die das spezifische Wesen (Sulfur) in der Körperhaftigkeit (Sal) zum Leben erweckt.
Er/Es ist nun der Götterbote der Heilung, der Vermittler zwischen Unbewusstem (Göttlichem) und dem bewussten Geist. Er findet sich sowohl im sogenannten ägyptischen Horusdreieck und im alchemistischen Hermesstab wieder!

Das Geistheilungs- und Harmonisierungsdreieck

Wenn nun vorgenannte (alchimistische) Symbole/Farben und Mantren der Chakren berücksichtigt werden, so gibt es zusammen mit den alchimistischen Erkenntnissen eine ergänzende und faszinierende Form einer ganzheitlichen Heilungsmethode. Diese Methode kann die Harmonie in einem System wieder herstellen, die durch Krankheit, problembeladene Situationen oder Personen gestört ist.

In der Psychosomatik gibt es einen Dreieckszusammenhang, der sich folgendermaßen formulieren lässt:

Das psychosomatische Dreieck:

„Körper/ Geist/ Seele"

bilden in der Harmonie, in „gesundem" Zustand ein:

„Gleichseitiges Dreieck".

Dabei ist definitionsgemäß:

Seele:

Dein göttliches Gedanken-Bild, wie das Allumfassende/Gott genannt, dich „ein-ge- Bildet" hat.

Körper:

Das sinnliche Erfahrungsinstrument der Seele.

Geist bzw. Gemüt:

Alle Stimmungen, Affekte, Programmierungen, innerlich gefühlten Konflikte, die du in dir hast bzw. trägst.

Zeichnung:

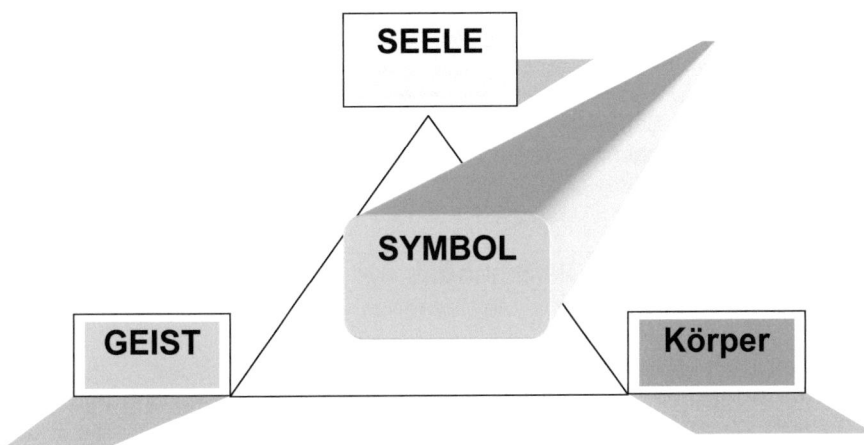

Wird diese Harmonie gestört treten Symbole auf:

(Schlechte) Träume, Konflikte, ständig problembeladene Symbole, Krankheit, Katastrophen, blockierte Situationen, Stagnationen, die nur blockierende Muster und emotionale Belastende Situationen im Inneren „spiegeln".
Diese können wir oben nach dem geschilderten „Hermetischen Grundsatz" wie „Innen, so Außen" zu beschreiben und würdigen die Aussage eines großen Mystikers (Jesus!) unserer Zeit würdigen:

„Wo zwei oder drei in meinem Namen zusammen sind, bin ich mitten unter euch!" (Matthäus Kap. 18-20)

Nun ist es möglich an die geschilderte Chakrenwirkungen mit ihren Mantren an zu knüpfen und mit folgendem Grundsatz arbeiten:

Wenn man ein archetypisches Symbol (= *Symbol, das die Psyche selbst produziert*) ins System einbringt, dann wirkt das Symbol auf das gesamte System zurück und die Schlange ist ein Symbol für die nach oben aufsteigende Chakrenenergie!

Krankheit hat hierbei Symbol- und Signalfunktion und Symbolcharakter, dass etwas aus der (göttlichen~ Ordnung) gefallen ist. Jede Krankheit ist also wie ein Warnlämpchen in einem Auto und manifestiert sich dort, wo eine Fähigkeit oder Anlage nicht wirklichkeitsadäquat gelebt werden kann.

Eine interessante Parallele finden wir nun dazu in der vorher zitierten Schlangenerzählung im Alten Testament im Buch „Moses", die die mittelalterliche Alchimie, dem Vorläufer der modernen Chemie in ihren inspirativen Bildern aufgreift.

Hier lässt Moses wegen eines kollektiven Sündenfall der Israeliten das Symbol der Schlange weithin sichtbar im Lager aufrichten. Wer das Symbol der Schlange daraufhin ansah, wurde wieder gesund.

Die Symbolik der Schlange

Seit dem Mittelalter wird die Schlange durch die falsche Interpretation der biblischen Genesis mit dem Teufel als dem Bösen und dem Vater aller Lügen gleichgesetzt, indem sie Eva dazu überredete, die Frucht vom Baum der Erkenntnis zu essen, wodurch sie das Bewusstsein von Gut und Böse erhielt.

Die Schlange ist der Fürst der Welt, mit Luzifer assoziiert, dessen Name von „Lux fere" (lat.) Lichtträger" abgeleitet ist. Als herabgestiegener – nicht gefallener! Engel -, umfasst sein Blick die gesamte Bandbreite von Licht und Dunkelheit, um durch die Dunkelheit von ihm inszenierten misslichen Situationen das Licht im Menschen stärker zu erhellen, um ihn quasi zu mehr Erkenntnis seiner „Selbst" zu ermuntern.
.

Abbildungen von der Schlange findet man in zahlreichen alten Kulturen, so in Indien, Ägypten, Chaldäa und China, aber auch bei den Mayas, Juden und Christen.

Die Schlange war das ideale Symbol für Unsterblichkeit und Selbsterneuerung, indem sie die Fähigkeit zu fortgesetzter Verjüngung verkörperte, entweder im gegenwärtigen Leben oder in einer Abfolge von Reinkarnationen. Sie verkörperte im zyklischen Abwerfen der Haut, in der regelmäßigen Häutung eine Metapher für die einzelnen Lebensphasen von Geburt, Tod und Neubeginn.

Als ewige Fortsetzung des Lebens symbolisiert die Schlange die Manifestation der Erneuerungskraft auf jeder universellen Ebene.

Die Schlange wurde als der erste Lichtstrahl verstanden, der aus dem Abgrund des göttlichen Mysteriums hervorbrach, und der Schlangenpfad könnte uns zum strahlenden Licht zurückführen.

Symbole von Weisheitsschlangen, Drachen oder die Söhne von Schlangen benutzten Weise, Hohepriester Ägyptens, Babyloniens und Indiens, Schamanen aller Kulturen für ihre Heilungsarbeit.

Die Druiden sagten von sich: "Ich bin eine Schlange". Die geflügelte Schlange der Mayas symbolisierte allumfassende Weisheit, und der Quetzalcoatl der Inka war eine gefiederte Schlange, die den Menschen die Künste und die Zivilisation schenkte.

Der Weisheitsdrache repräsentierte den Logos oder die himmlischen spirituellen Lehren der alten Religionen, deren erneuernde Kraft durch den Aufstieg der sogenannten Kundalinikraft im indischen Raum, aus den unteren Chakras zum höchsten spirituellen achten Chakra gestärkt werden konnte.

In Ägypten trugen die Pharao-Adepten und Initianten den Iräus, das Zeichen der Schlangenkrone der höchsten Macht. Der Osiris-Mythos erzählte von seiner Zerstückelung durch die Schlange Set/Typhon, Symbol des zersplittert werdens durch seine unterdrückte dunkle Seite und seines „schwarzen Schatten-Selbstes", bevor er durch die Magie der Isis Wiedergeburt und Erneuerung erlangte - eine Allegorie für alle Prüfungen, die die Adepten zu bestehen hatten.

Moses, der Hebräer und Abkomme des Stammes der Levi, lernte offensichtlich bei der ägyptischen Priesterschaft. Sein Stab war umwunden von bronzenen Schlangen, die sein Wissen von den magischen Geheimnissen der Zeugung und der Macht der phallischen Symbole bezeugten.

Die jüdische Kabbala und der Baum des Lebens enthalten den Blitzschlag des göttlichen Abstiegs von Kether (göttliche Weisheit) zu Malkuth (Erde), der auch als Schlangenpfad der Weisheit bezeichnet wird. Auch China besitzt große Drachenlegenden; der Drache ist das Emblem der kaiserlichen Linie und ziert den Drachenthron des Kaisers.

Der Schlangenstab der Alchimisten

Um den Schlangenstab winden sich zwei Schlangen in inniger Umschlingung als Heilssymbol des Gleichgewichts und der Integration auf jeder Ebene. Er repräsentiert die harmonische Einheit von Geist und Materie, die Vermittlung zwischen den Ebenen und das Versprechen von Transzendenz durch Wissen um den zweifachen Pfad von Schwarz und Weiß. Äskulap, der griechische Gott der Heilung, und Hermes/Merkur besaßen diesen Stab, der auch die Lehren über Fruchtbarkeit, Schutz und Erneuerung einschloss, mit denen sich die Altvorderen intensiv beschäftigten.

Schlange

»Dies sind die beiden Schlangen, welche um den Heroldsstab des Mercurius festgemacht sind, vermittels derer er seine große Macht erweiset und sich verändert in was für Gestalten er will (...) Wenn diese Beiden in dem Gefäß des Toten Grabes zusammengesetzet sind, so zerbeissen sie sich untereinander grausamlich (...) Sie verlieren durch die Putrefactio ihre ersten natürlichen Gestalten um eine neue edlere hernach anzunehmen (...) Die Ursache warum ich dir diese beiden (männlichen und weiblichen) Samen in Drachengestalt malen lasse ist dieses, weil ihr Gestank sehr groß ist und ihr Gift (...)«
(Nicolas Flamel, Chymische Werke, Ausgabe Hamburg, 1681)

Livre des figures hieroglyphiques, Paris, 17. Jh.

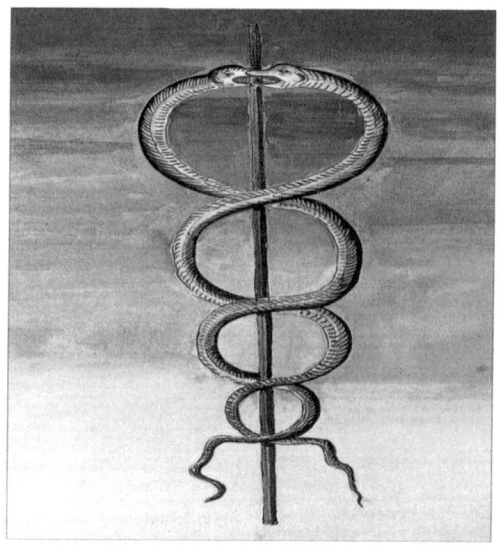

OPUS MAGNUM: Schlange

Foto - zitiert aus Alexander Roob „Alchimie und Mystik" – Taschen Verlag

Hermes war ein Botschafter der Götter, der die Kreuzwege überblickte und die Seelen in die Unterwelt hinein- und wieder hinausgeleitete. Sein „phallischer" Stab schlug eine Brücke zwischen dem Bekannten und dem Unbekannten und vermittelte eine spirituelle Botschaft der Rettung und Heilung durch Wiedergeburt, indem die Pforten zum Himmel sich öffnen, wenn sich Unterwelt und Erde miteinander verbinden.

Selbst in der DNA-Doppelhelix-Spirale unseres individuellen und kollektiven genetischen Codes findet sich das ineinander gewobene Schlangenmuster. Die moderne Forschung, die an einer Aufzeichnung des vollständigen menschlichen Genoms arbeitet, soll uns Informationen für eine lebensverlängernde Medizin liefern, da man hofft, dadurch die genetischen Ursachen von Krankheit besser erkennen und latente Krankheitstendenzen minimieren zu können.

Die DNA-Struktur wurde in einem Traum erkannt, in dem das allumfassende Unbewusste (Gott) die schlangengleiche Spirale projizierte, welche den Schlüssel zu wissenschaftlicher Erkenntnis und zur Erforschung der Genstrukturen und deren Wirkungsweise maßgebend beitrug.

In unserer Heilungsarbeit mit den Chakren und Mantren assoziieren sie nun recht deutlich die aufsteigende Chakrenenergie in Schlangenform bis ins fünfte Chakra dem Kehlkopfchakra!

Er ist der Mercurius, dem Götterboten, der die Energie der Chakren dann hochtransformiert in das spirituelle Dreieck des Horusbewusstseins mit dem Symbol der geflügelten Sonnenscheibe, dem Symbol der alten Ägypter, des göttlichen Bewusstseins!

Es ist der Stein der Weisen und beinhaltet die magischen Worte:

„Ich bin die Erkenntnis meiner Göttlichkeit"

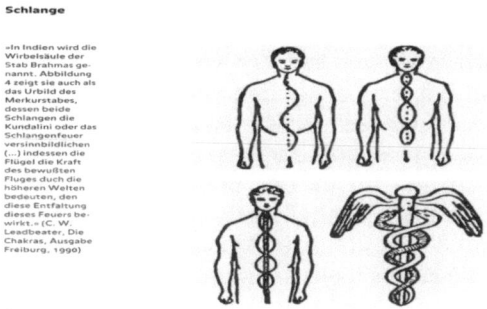

Schlange

»In Indien wird die Wirbelsäule der Stab Brahmas genannt. Abbildung 4 zeigt sie auch als das Urbild des Merkurstabes, dessen beide Schlangen die Kundalini oder das Schlangenfeuer versinnbildlichen (...) indessen die Flügel die Kraft des bewußten Fluges durch die höheren Welten bedeuten, den diese Entfaltung dieses Feuers bewirkt.« (C. W. Leadbeater, Die Chakras, Ausgabe Freiburg, 1990)

Foto - zitiert aus Alexander Roob „Alchimie und Mystik" – Taschen Verlag

Mercurius, Hermes und das Horusbewusstsein

Die Kurz-Geschichte:

Geb war der Vater von Osiris, Isis, Seth und Nephthys. Als Geb sah, wie geschickt und begabt Osiris war, übergab er ihm die Regierung beider Länder: Ober- und Unterägypten. Seth hingegen erhielt die Herrschaft über das Wüstenland.
Seth nahm sich seine Schwester Nephthys zur Frau. Isis heiratete ihren Bruder Osiris. Isis und Osiris führten eine sehr glückliche Ehe. Osiris galt als ein gerechter König, der seinem Volk zu Wohlstand und sittlichem Handeln verhalf. Osiris regierte beide Länder mit Weisheit. Er sorgte für die Bewässerung der Felder, für die Fruchtbarkeit der Kräuter und Ackerfrüchte, des Viehs und der Menschen.
Gestört wurde ihr Leben durch Seth, ihrem neidischen Bruder. Als Seth seinen Bruder Osiris alleine antraf, ergriff und tötete er ihn. Er zerstückelte seinen Leichnam und zerstreute dessen Teile über beide Länder.
Isis stürzte in tiefste Verzweiflung und auch beide Länder wurden krank. Die Ernte blieb aus und der Nil trat nicht mehr über seine Ufer. Isis streifte mit ihrer Schwester Nephthys durch beide Länder, suchte und sammelte die Teile von Osiris Leichnam zusammen.
Durch ihre mächtigen Zaubersprüche erweckte Isis den Leichnam Osiris wieder zum Leben. Gemeinsam zeugten sie Horus.

Horus steht nun als Merkur-Symbol an der Spitze des heiligen Dreiecks der Verbindung von Isis, der weiblichen Göttin und Osiris dem männlichen Teil. Es bringt den weiblichen und den männlichen Pol in ein unipolares Gleichgewicht. Horus wird von den Ägyptern meist als Falkengott dargestellt, denn der Falke ist ein Vogel, der mit offenen Augen der Sonne entgegenfliegt. Eines seiner Symbole ist daher die geflügelte Sonnenscheibe, trägt das Horusprinzip doch den Auftrag, den Menschen auf den Flügeln der geheiligten Isis in das Reich des solaren Geistes zu erheben.

Dieses Horus-Bewusstsein besitzt der Mensch nicht von selbst, es wird mühsam erworben, und der Tempelschlaf, heute „Katathymes Bilderleben" bzw. Imaginationstherapie genannt, unterstützt sein inwendiges Heranreifen.

Wer diese Form von Visualisationsarbeit, unbefleckt von jeglichem Zweckdenken, durchgeführt hat, wird dem Geheimnis des Horus-Bewusstseins näherkommen.

Wenn der Eingeweihte aus dem Tempelschlaf erwacht, verlässt er den Tempel, schreitet in die Morgendämmerung und erlebt sich wieder als Mensch, der genau dorthin zurückkehrt, woher er gekommen war. Doch ist er ein Verwandelter. Er trägt jetzt die Kenntnis seiner eigenen Wahrheit unter dem Herzen.

Als Eingeweihter hat er Isis und Osiris zusammengeführt. In ihm selbst fand die Befruchtung seiner lunaren Komponente durch den Sonnenlogos statt, und er sieht die Welt mit den Augen des Horus, der in ihm erwachten Trinität.
(Vgl. dazu: Axel Englert: „Heilungsgeheimnisse Jesu" und „Merlin lebt", BOD 2008)

In neuerer Zeit beschreibt der Schriftsteller Neale Donald Walsch in seinen weltberühmten Büchern „Gespräche mit Gott" sehr anschaulich, was in der Einweihungsphase passiert:

„..Und mich überkam ein Gefühl von außerordentlicher Ruhe. Ich war, möchte ich sagen, sehr befriedet - sehr im inneren Frieden und von einer unbeschreiblichen Freude erfüllt. ... Nur Freude, eine friedvolle, besänftigende Freude.
Es war eine Weichheit. Es fühlte sich an, als ob sich mein ganzer Körper in Pudding verwandelt hätte. Ich kann es kaum beschreiben.
Es war, als ob jegliche Angst oder Spannung oder, ich möchte sagen, „Negativität" aus meinem Körper gewichen wäre.
... Es ist einfach passiert. Und dann plötzlich aus dieser Weichheit heraus...unbegreifliche Freude von Eins-Sein".

So wurde Jesus gleichsam in seinem eigenen Tempelschlaf ein zweites Mal symbolisch wiedergeboren.

Dieser Vorgang lässt ihn bewusster als vorher in das trans-personale Sein des Horus bzw. der erwachten Chakraschlange hineinwachsen.

„Der Mensch entwickelt selbst»im linken Auge den Mond und im rechten die Sonne", so heißt es in alten Texten.

Denn sein Vater wurde nun symbolisch Osiris, der Geist des feurigen Männlichen, und seine Mutter Isis, die wässrige Urweiblichkeit.

Mit dem Hervorbringen des Horus-Bewusstseins verwandelte sich der Mensch Jesus in einen vollständigen Beherrscher sowohl des stofflichen als auch des geistigen Pols der Wirklichkeit.

Damit stürzte sein unipolares Entweder-oder-Bewusstsein zusammen, um von dem ganzheitlichen Trinitätsbewusstsein ersetzt zu werden. Dieses verhalf ihm aus seiner Stoffgebundenheit hinaus zu gelangen und fähig zu sein, von einem dritten überpersönlichen Punkt wertfrei und unverwickelt auf zwei Pole gleichzeitig herab zu blicken und aus diesem Bewusstsein heraus, wie beschrieben, seine Welt zu gestalten.

Das Horus-Bewusstsein gibt es seit eh und je, dennoch konnten es nur wenige Menschen in sich hervorbringen, da es eine Frucht des meist geheimen Einweihungswegs ist.

Selbst Jesus erkannte nun im erlangten sogenannten „Horusbewusstsein" die Verwandtschaft mit dem Mythos des Lebensbaumes, der tief verknüpft ist mit dem Mythos von Isis und Osiris:

Es ist die Verwandtschaft mit den drei göttlichen transpersonalen Prinzipien *(Die Trinität – Dreieinheit der Sephira Daath (Pluto), Kether (Uranus) und Chokmah (Neptun)* aus dem Lebensbaum, der Geisteswelt der Kabbala, die der Autor in seinem Buch „Heilungsgeheimnisse Jesu" (BOD Verlag) schildert.

Die „TRINITÄT

Dieses mercurische „Heilige Dreieck" der Trinität im Lebensbaum finden wir als spirituelles Trigon auch in der ägyptischen Mystik, die ergänzt wird durch die symbolischen Aussagen der Astrologie. Vielleicht sind die Pyramiden, die von jeder Seite als Dreiecksform wahrnehmbar sind nichts anderes als ein gigantisches Trinitäts-symbol, die schon durch den Anblick die Verbindung zur göttlichen Kraft hervorrufen oder verstärken.

Es sind dies nun die mythologischen Figuren von Hermes, dem merkurischen Götterboten, der mit Horus gleichzusetzen ist, diese Götterfigur ist mythologisch der Mittler und Bote zwischen dem Unbewussten, dem Allumfassenden Willen, dem „Ain-Soph-Aur", dem Urlicht.

Im Merkurzeichen vereinigen sich Körper, Kreuz, Seele (Mond) und Geist. (Sonne – Re!) Dieser steht an der Spitze eines Dreiecks mit der Göttin Isis, die das weibliche Prinzip verkörpert und Osiris, der das männliche Prinzip beinhaltet. Im astrologischen Sinne steht stellvertretend nun das linke Auge für das intuitive mondhafte, weibliche Prinzip der Isis. Dagegen das rechte Auge für das männliche Prinzip des Osiris, der Sonne.

Das dritte Auge hingegen, als beide Gegensätze vereinigendes Prinzip steht für die beide vereinigende Unipolarität des Merkurs.

Merkur wäre also gleichzusetzen mit der Sephira (Daath), den göttlichen Willen übermittelnd. Chokmah (Neptun) steht für das weibliche Prinzip der Isis und Kether für das mänliche Prinzip des Osiris.

Im Merkurzeichen vereinigen sich Körper (Kreuz), Seele (Mond) und Geist (Sonne)

Dieses gesamte Spirituelle Dreieck ermöglicht nun das in Resonanz kommen mit dem Allumfassenden Urlicht, dem „Ain-Soph-AUR" der Jüdischen Mystik und ermöglicht dadurch in seinem aktivierten Zustand Wunderheilungen und die übersinnlichen Phänomene, die Jesus, verstärkt durch den Kreis der Jünger vollbringen konnte.

Durch ein geheimes spirituelles Ritual konnte er hier mit der Konzentration auf dieses Dreieck bei seinem „Vater"- dem Urlicht quasi „Anklopfen" und Verbindung zu „Allem, was ist" bekommen.

`Bittet, so wird euch gegeben; sucht, so werdet ihr finden; klopft an, so wird euch aufgetan. Denn wer bittet, der empfängt; wer sucht, der findet; und wer anklopft, dem wird aufgetan." (Lukas 11,9-10).*

Genau das wollen wir im letzten Teil des Buches auch tun!

Das Spirituelle Trigon

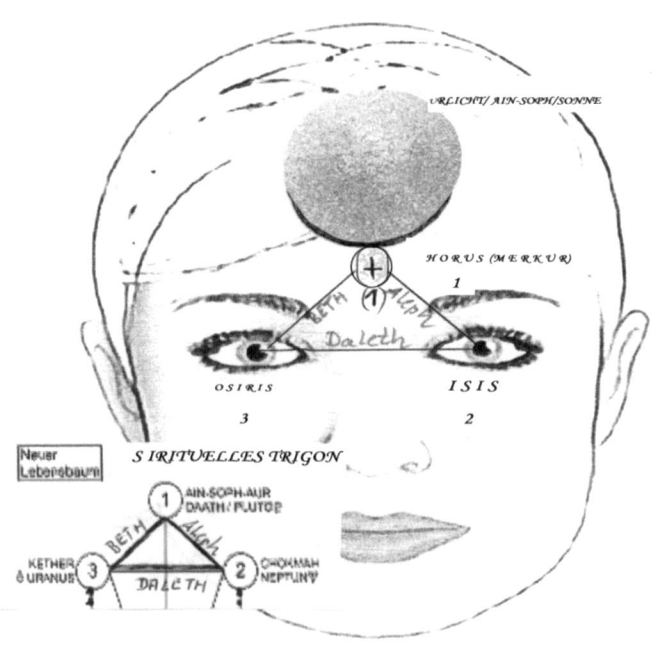

Praxis der „Christusheilungen und Wunder"

A. *Sei entspannt, offen und bereit, es ihn durch dich tun zu lassen. In der zwanglosen Absichtslosigkeit liegt die Wirkung. Bleibe dabei immer ganz mit deiner Achtsamkeit auf das Ritual ausgerichtet.*

Sei dir bewusst:

„Ihr dürft in meinem Namen um alles bitten, und ich werde eure Bitten erfüllen, weil durch den Sohn der Vater verherrlicht wird. Bittet, um was ihr wollt, in meinem Namen, und ich werde es tun!
......
Und ich werde den Vater bitten, und er wird euch einen anderen Ratgeber geben, der euch nie verlassen wird. Es ist der Heilige Geist, der in alle Wahrheit führt. Die Welt kann ihn nicht empfangen, denn sie sucht ihn nicht und erkennt ihn nicht. Ihr aber kennt ihn, weil er bei euch bleibt und später in euch sein wird". NT. Johannes 14ff)

B. *Konzentriere dich auf deine beiden Augen*

Verbinde beide Augen durch eine leuchtende Linie.
Gebe gedanklich ein:

„Ich verbinde das „Männliche" und das „Weibliche"

C. *Konzentriere gleichzeitig deine Aufmerksamkeit auf das spirituelle Dritte Auge auf deiner Stirn, etwa zwei Finger breit über der Nasenwurzel. (Du kannst es durch ein leichtes Prickeln oder Druck erspüren!).*

143

D. Bilde jetzt in deiner Vorstellung die Trinität durch das Errichten eines leuchtenden Dreiecks. Lade es mit weitem und behutsamen Atem auf und verstärke es so mit deiner Konzentration. Vielleicht kannst du ergänzend dazu für den Anfang, beide Daumen aneinandergelegt auf der Linie der Augen und die Zeigefinger, das Dreieck bildend errichten.

E. Nach der Handlung und der Vorstellung verstärken wir die Verbindungsaufnahme mit der Trinität weiterhin gemäß dem Grundsatz:

„Nichts wirkt besser, als wenn Gedanke, Handlung durch das Wort verstärkt wird."

Wir rufen die Trinität, das Licht, den Schöpfer allen Seins an:

Vorschlag: (Soll innerlich berühren!)

Großer Geist – Großes Licht - Allmächtiger Schöpfer allen Seins,
Das was in mir ist.
Der Urgrund von allem, das „All-Eine"
Der Atem der hinter allem Leben steht - du „Quelle allen Seins"
Erhöre mich – Erfühle mich- Erfahre mich!
Großer Geist- Großes Licht - Aus Dir bin ich gekommen
Aus deinem Sein bin ich gekommen - Ich bin dein Sein.
In deinem Herzen wohne ich, aus deinem Herzen komme ich,
in dein Herz fließe ich zurück".
Geheimnis in meinem Atem, der Brücke zu Dir-
Ich atme Dich -
Ich verbinde mich mir Dir über diese Brücke
mit deiner Liebe, zu empfangen deinen Segen für alle Zeit.
Sei meine Kraft und Stärke durch
die Brücke meines Atems zu Dir.
Ich atme dich in der Stille meines Seins mit meiner Offenheit und Hingabe zu dir.
Gott und nur Gott, Licht und nur Licht in mir!
Komme und trete aus mir hervor!

Der Kontakt mit der Trinität deutet sich meist dadurch an, dass ein Wohlbefinden durch den Körper beginnt zu strömen oder „Energie die Wirbelsäule prickeln herunter fließt.

Es kann aber auch ein Symbol erscheinen, das den Kontakt symbolisiert:

Über der Dreiecksspitze, also dem sogenannten dritten Auge kann als Symbol des ewigen Lichtes bzw. der Verbundenheit mit diesem speziell eine leuchtend goldene (geflügelte) Sonnenscheibe auftauchen, wie sie in vielen Darstellungen von Horus zu finden ist:

Diese Darstellung als geflügelte Sonnenscheibe ist möglich und häufig:
Sie ist ein Symbol für das Horusbewusstsein, die Trinität das den Durchblick zur objektiven allseienden Wahrheit ermöglicht, frei von jeder Subjektivität eines polaren EGO`s.

Die geflügelte Sonnenscheibe:

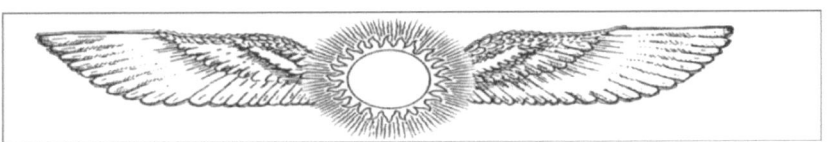

F. Jetzt können wir mit den Heilungs- bzw. Wunschenergien arbeiten.

Nach der Kontaktaufnahme Bild übergeben, bzw. atmen wir, bzw. übergeben wir unseren Wunsch mit der heilenden Lösung, bzw. unseren Traum in das Trinitätstrigon hinein. Wir übergeben dieses Finalbild mit viel Gefühl, Wunschenergie, beim Abgeben umarmt von einem feinen, weiten Atem.

Wichtig dabei ist immer, dass es ein eindeutig vorher festgelegtes Finalbild des Wunsches oder der Frage gibt, das auch über den Atem in das spirituelle Dreieck hinein geatmet wird! Wenn dies geschehen ist, kann die Aufmerksamkeit auf entstehende Botschaften in Form von Bildern, Gefühlen oder Heilungsenergie gerichtet werden.

Meistens ergibt sich ein symbolisches Lösungsbild oder ein *Symbol, Geschichte, Bild oder Heilungsenergie,* die dann über die Hände oder eine imaginierte Wolke gelenkt zum Kranken (*Fernheilung oder Handauflegen oder in dir selbst) fließen kann!*

G. Abschluss/ Danksagung:

Selbstverständlich bedanken wir uns für die Lösung unseres Anliegens, selbst wenn es im Augenblick noch nicht ersichtlich ist. Dieses „Danke" ist ein Einverständnis bzw. ein Symbol für das „Einssein" mit der Trinität:

„So wie Du es willst, so ist es geschehen. Es ist vollbracht.- Auf die Wunder". *Allmächtiger Schöpfer allen Seins, mein Licht, meine Führung, Ich danke - Es sei Gesetz!*
(Ausgebreitete Hände unterstreichen die Offenheit für die Lösung)
Möge die göttliche Liebe alle segnen. Möge der goldene Regen des Segens, des Friedens und deines Lichtes um mich fließen in Dankbarkeit".

Hinweis: Sanft fließende Meditationsmusik unterstützt diesen Vorgang ungemein!

Lasse so die Wunder in dein Leben fließen!

In der mittelalterlichen Alchimie nun finden wir dieses spirituelle Dreieck nun im sogenannten Mercuriussymbol, wobei Osiris von vorne gesehen, das linke Auge und der Mond das rechte Auge repräsentiert. Mercurius ist genau wie bei den alten Ägyptern beschrieben das Kind von Sonne und Mond.

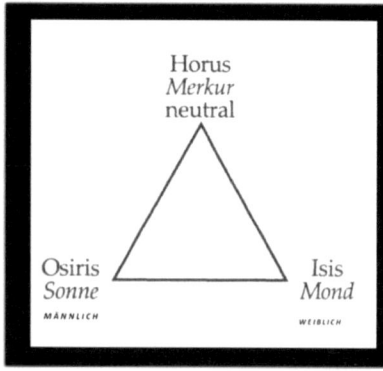

Vgl. dazu das Dreieck mit dem Kreuz als Fokussierungspunkt im fünften
Chakra im folgenden alchimistischen Ausschnittsbild:

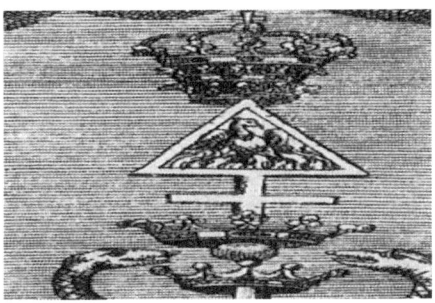

Schlange

Dargestellt seien
»Zwei paraboli-
sche Bäche (...)
welche den ge-
heimnisvollen
dreieckigen Stein
miteinander zeu-
gen (....)« und »ein
geheimes und na-
türliches Feuer,
dessen Geist den
Stein durchdringt
und ihn in Dünste
sublimiert, welche
in dem Gefäß dick
werden«. Außer-
dem sei zu bemer-
ken »daß die Kunst
diesem göttlichen
Saft eine doppelte
Krone der Voll-
kommenheit gibt
durch die Umkeh-
rung der Elemente
und Reinigung der
Anfänge, davon er
zu dem (...) He-
roldstab des Mer-
curius werde« und
»daß eben dieser
☿ wie ein Phoenix
(...) zur letzten
Vollkommenheit
gelangt des Fixen
Schwefels der
Weisen«.

A. T. de Limojon
de Saint-Didier,
Der Hermetische
Triumph, 1689,
deutsche Ausgabe
Frankfurt, 1765

OPUS MAGNUM: Schlange

Zitiert aus Alexander Roob „ Alchimie und Mystik" – Taschen Verlag Seite 335

Die Aktivierung der Schlange des Lebens

Lass uns nun die Schlange der Heilung, des Göttlichen Bewusstseins, den Stein der Weisen in dir aktivieren!

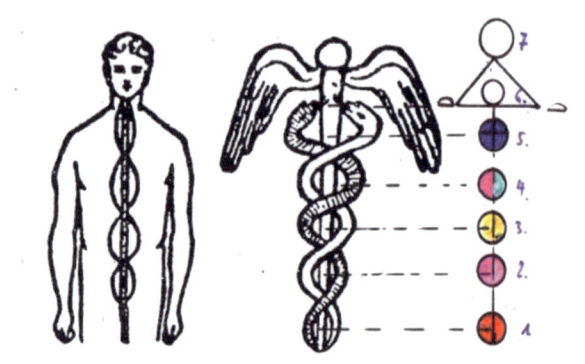

Die Schlange der Heilung

„Ich bin die Sonne meines Lebens"

„Ich bin die Erkenntnis meiner Göttlichkeit"

„Ich bin die Erfüllung meiner Wünsche."

„Ich bin die Einheit in der Zweiheit"

„Ich bin das Rad - Ich bin die Mitte"

„Ich bin in der Einheit meines Seins."

„Ich bin eine Rosenknospe"

1. „Ich bin eine Rosenknospe "

39

2. „Ich bin in der Einheit meines Seins."

3. „Ich bin das Rad –
Ich bin die Mitte "

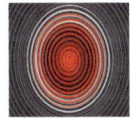

4. „Ich bin die Einheit in der Zweiheit"

5. „Ich bin die Erfüllung meiner Wünsche."

6. „Ich bin die Erkenntnis meiner Göttlichkeit"

7. „Ich bin das Licht -
Die Sonne meines Lebens"

8. „Mein Sein ist seine Liebe"

1. Chakra (ROT)

Konzentriere dich auf das hintere Ende des Steißbeins Stellen Sie sich in einiger Entfernung einen roten Punkt vor. Ein helles, ein leuchtend rotes Licht. Beobachten Sie, wie das Licht immer größer wird und immer näher kommt. Fühle dabei in dich hinein, entspanne dabei Beine, Zehen. Fühle, wie diese Muskelpartien sich immer mehr lockern. Entspanne auch dabei jeden Muskel des Bauches.
Fühle, wie das ganze Gewicht Ihres Körpers in die Sitzunterlage hinein-fließt und du leichter und entspannter wirst.

Lasse jetzt tief erfüllend einfließend und einatmend das erste Symbol-mantra:

„Ich bin eine Rosenknospe - Ich bin lebenswert"

wirken.

Beachte:
Wichtig: Das gleichzeitige Visualisierung und Einatmen der geschilderten Chakrensymbolik ist sehr wichtig!

---

2. Chakra (ORANGE)

Konzentriere dich auf das Schambein oder auf dein Hara, ca. 1cm unter dem Bauchnabel. Nun sieh einen orangefarbenen Lichtpunkt vor, der auf dich zukommt.
Du erlebst, wie das satte tiefe Orange immer näher kommt und immer größer wird, vergleichbar dem Licht eines Scheinwerfers.

Entspanne dabei den Bauch, lasse deine Schultern und Arme fallen. Fühle wie dein Herz weit und offen wird. Entspanne deine Lunge und das Zwerchfell durch sanftes Ein und Ausatmen und fühle dich immer mehr in die Entspannung hinein.

Lasse jetzt tief erfüllend einfließend und visualisierend sowie einatmend das das zweite Symbolmantra wirken:

„Ich bin erwünscht in Hohem Mut und Zuversicht"

3. CHAKRA (GELB)

Konzentriere dich auf deinen Solarplexus. Es kommt ein gelber Licht-punkt auf dich zu. Er nähert sich wie das Licht wie eines fernen Glüh-würmchens und wird immer größer und heller.
Sonne dich einen Moment in dem goldgelben Lichtkreis und fühle die Gefühle, die er in dir auslöst Fühle in deinen Kopf hinein, entspanne bewusst die Kopfhaut, Ihre Stirn, Augenbrauen. Das Kinn entkrampft und löst sich, die Zunge liegt oben am Gaumen an. Alles um die Augen wird locker und leicht. Lasse die Gefühle der Entspannung wie eine Welle durch den ganzen Körper gehen.
Jetzt, lasse jetzt tief erfüllend einfließend und einatmend, visualisierend das das dritte Symbolmantra arbeiten:

„Ich bin die Kraft & Stärke - Ich bin stolz auf mich"

4. CHAKRA (GRÜN):

Konzentriere dich nun auf dein Herz. Stelle dir einen grünen Lichtpunkt vor. Einen wundervollen smaragdgrünen Lichtpunkt. Beobachte, wie die Farbe immer intensiver wird und immer näher kommt. Entspanne deinen Geist durch weites und behutsames Atmen noch mehr.

Lasse jetzt tief erfüllend und einatmend das vierte Symbolmantra wirken:

„Ich bin liebens-„Würdig!"

5. CHAKRA BLAU: (MERCURIUS WIRD AKTIVIERT!)

KONZENTRIERE DICH AUF DEIN KEHLKOPFCHAKRA UND BILDE EIN FOKUSSIERENDES KREUZ!

Ein Licht von hellem klarem Blau rückt immer näher, wird immer größer, umkreist dich und hüllt dich völlig ein. Du spürst, wie sich Körper und Geist in dem blauen Licht immer mehr hinein entspannen, die Gedanken vergehen und alles harmonisch um dich herum in Ruhe verweilt.
Völlig fokussiert auf das Kreuz im Kehlkopfchakra, lasse jetzt einatmend das fünfte Symbolmantra einfließen:

**„Ich bin die Erfüllung meiner Wünsche -
Ich bin es wert vom Leben beschenkt zu werden!"**

6. CHAKRA (LILA)

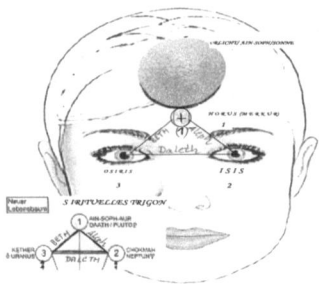

Du konzentrierst dich und visualisierst das göttliche Dreieck, das wie oben geschildert, gebildet wird, zwischen den Augenbrauen und dem Stirnchakra. Du nimmst nun eine lila Lichtwolke oder zwei ineinander fließende Wasserfälle wahr, die immer intensiver werden. Indem du von dieser lila Lichtwolke berührt wirst, und diese einatmest fühlst du ein absolutes Gefühl von Frieden und Ruhe, absolute Stille.

Lasse jetzt tief erfüllend einfließend und einatmend mit den Wolken- bzw. Wasserfällen das sechste Symbolmantra:

„Ich bin die Wahrheit meines Seins".

7. CHAKRA (VIOLETT)

Als letztes nimm einen Lichtpunkt in der Farbe Violett oder Weiß wahr. Sieh wie diese intensive Farbe jetzt näher kommt, und du konzentrierst deine Aufmerksamkeit auf dein Scheitelchakra.
Völlig fokussiert auf das Kehlkopfchakra lasse jetzt tief erfüllend einfließ- end und einatmend das siebente Symbolmantra:

„Ich bin das Licht - Die Sonne meines Lebens -
Ich bin die Klarheit meines Seins"

Nun bist du mit der ehernen Schlange des Moses verbunden, die dein „Heilsein" bewirkt!

Dein Heilungsgebet

„Allmächtiger Schöpfer allen Seins, der du bist wie im Himmel,
wie auch in meinem Herzen. Dein Licht leuchte in meinem Herzen.
Lass mich Kanal sein für das strahlende Licht der Weisheit.
Lass mich Kanal sein für das strahlende Licht der Liebe.
Dein Licht heile meinen Schmerz, meine Trauer und meine Einsamkeit.
Schöpfer allen Seins, der du bist, so will auch ich sein, wie das Licht
der Liebe, nicht nur in meinem Leben, sondern ausstrahlend auch im
Leben meines Seins.
Schöpfer allen Seins, Hohes Selbst in mir, gib mir die Kraft zu erkennen,
dass ich selbst diese Kraft bin, gib mir das Licht zu erkenne, dass ich
dieses Licht bin, gib mir die Liebe, um zu erkennen, dass ich diese Liebe
bin.
Schöpfer allen Seins, der du bist, öffne in meinem Herzen die Bereitschaft,
dein Licht, deine Liebe und Weisheit anzunehmen.
Berühre meinen Schmerz und heile ihn.
Berühre meine Trauer und heile sie.
Berühre meine Einsamkeit und befreie mich.
Befreie mich von allem belastenden emotionalen Energien und Mustern.
Befreie mich endgültig!
Der Eine liebt uns, weil er sich liebt! Ich selbst bin das Licht, die Kraft und
die Wahrheit seines Seins. Ich bin die goldene Morgensonne in meinem
Herzen. Ich selbst erleuchte mein Bewusstsein.“

Und so erwacht Gott in deinem Herzen. Dein Brustraum fühlt sich erstrahlt von innen, in klarem, goldenem Leuchten.

Es ist ein Gefühl, als sei die Sonne in dir aufgegangen.

Du fühlst dich mit dem „All-Einen" verschmolzen, eingetaucht in die unendlichen Weite deines Seins, wo du schon immer mit deinem wahren göttlichen Selbst verbunden bist und warst.

Du fängst nun an die Wahrheit deines eigenen achten Chakras zu spüren!

Es ist ein Land wo Milch und Honig fließen.

Du siehst Gott und nur Gott im Lichte deines Lebens:

„Großer Geist, der du bist, großes Licht.
Siehe und erblicke mein kleines Sein,
Lass mich groß sein, groß werden, so wie du es bist,
auf das auch ich in der Lage bin dich zu erkennen,
Großer Geist, großes Licht!
Erhöre mich, Erfühle mich, erfasse mich.
Großer Geist, großes Licht!
Aus dir bin ich gekommen, aus deinem Sein entstanden.
So spricht der große Geist, das große Licht:
„Aus meinem Sein, bist du mein Sein.
Geheimnis des Atems, Brücke zu mir."

Du empfängst damit die Einweihung, dich mit Gott, seiner Liebe zu verbunden zu haben Du empfängst deinen Segen für alle Zeit, deine Kraft und deine Stärke aus Gott, durch Gott, mit Gott.

Atme dieses magische Gebet in der Stille deines Seins.

Nimm deine Situation, nimm dein Leben, nimm all das, was sich hier darstellt. Nimm es um es zu gestalten durch dein Sein, das sich in dir nun verändert.Du veränderst jetzt durch das Anschauen der „Schlange" dein Sein, du lässt dein Mensch-Sein los, deine Erinnerungen, deine Schmerzen los, deine Rache, deine Ängste, deine Unsicherheiten, du lässt alles los.

Du gibst dich hin!

„Gott und nur Gott", es darf von dir nichts mehr da sein!

Denke an die Prophezeiungen, und die Frage die sich dir hier stellt:

Willst du hier bei diesen Prophezeiungen der Apokalypsen dabei sein, willst du Bestandteil sein, oder willst du quasi nur mehr eine vage Erinnerung sein, dass es so etwas wie dich an diesem Platz einmal gegeben hat?

Du hast keine Präferenz, keine Eminenz mehr, du bist emotional wertend nicht mehr da.

Und die Stürme des Lebens werden über dich hinweg ziehen!

Die Apokalypse berührt dich nicht, weil du inzwischen klugerweise diesen Ort, des Grauens, den du jeden Tag mit seinen Nachrichten erfährst, verlassen hast.

Es ist wie in einem Theater, wie in einem Stück, das aufgeführt wird. Es ist nicht für dich. Es gehört den anderen, die solches gewählt haben, um noch eine Zeit mit diesem Programm in der Polarität zu verharren.

Deines ist der Himmel, das Paradies, der Garten Eden. Deine Kraft, deine Stärke, lässt all das vor deinem geistigen Auge erstehen. Und was dein geistiges Auge sieht, was es erblickt ist dein Leben.

„Gott und nur Gott! Licht und nur Licht."

Genau darum geht es, dass du deinen Focus hältst, egal, was in dieser Phase des Übergangs in weiter oder nicht so weiter Ferne möglicherweise an dich heran zu branden droht, egal was. Du bist eingeladen, es emotional neutral zu empfinden, zu ignorieren, im Sinne eines Erkennens, das es keine Bedeutung für dich hat.

Dies ist ganz wichtig:

Wenn du nicht da bist, hat nichts diesbezüglich Bedeutung für dich, hat all das was dich früher einmal als Mensch hätte beunruhigen können, keine Bedeutung mehr für dich, weil du in deiner wahren Größe lebst, in deinem wahren allumfassenden Sein bist.
Somit gibt es keinerlei kleinlicher Konfrontation für dich, keinen Ärger, keine Sorgen, keine Panik, kein Kümmern. Es berührt dich nicht mehr.

Siehe das Manifest der neuen Zeit:

„Es werden sein zwei Welten. Diese beiden Welten werden miteinander nicht s mehr gemein haben. Sie driften auseinander.
Die eine steigt auf in das Licht - Es ist ein Anfang, der ein Anfang ist, eine Seele, die in jedem Augenblick neu geboren wird, von Dimension zur Dimension, die sie durchschreitet. Es wird sein eine Welt der Klarheit. Es ist eine Welt, in der du weit, weit siehst.

Sei willkommen, der du reinen Herzens eingetreten bist, in den Kreis derer, die das Licht sind.

Was ist mit der anderen Welt- Wo ist dein Focus?

Eben, es geht dich nichts mehr an, es ist nicht mehr deines oder umgangssprachlich formuliert, sei nicht neidisch. Das ist ein eigenes Programm. Sieh auch nicht hinter den Vorhang. Du könntest erschrecken.

Aber sei dir gewiss, es ist auch gottvoll. Es ist seine Liebe, seine Gegenwart. Nur, es könnte dich erschrecken und es geschieht nichts gegen den Willen des einzelnen.

Du hast dein Leben, dein Licht, deine Liebe. Die anderen haben ihr Licht oder ihre Dunkelheit, ihr Leben, ihre Liebe oder ihren Schrecken, so wie sie es eben für sich erwählt haben.

So bist du nun eingeladen, all das so anzunehmen wie es ist, als ein Seiendes. Du bist eingeladen, deine Position im Licht zu festigen als ein Seiendes auszuweiten durch deine Kraft, durch deine Stärke, die du in jedem Augenblick zeigst.

Breite deine Flügel aus Engel des Herrn, Bote seines Lichtes, Bote seiner Liebe in deinem Leben. Segne es mit der Kraft dieses Bewusstseins, segne durch dein So-Sein!

Zu segnen bedeutet, das was Gott dir gegeben hat und das was Gott dir in jedem Augenblick geben wird, so wie du es von ihm empfängst, weiterzugeben, es einfach weiter durch dich hindurch strömen zu lassen, als ein geöffnetes, sich Gott hingebendes Wesen.

„Du bist die Erkenntnis deiner Göttlichkeit
Dein Sein ist Liebe
Du bist die geflügelte Sonnenscheibe"

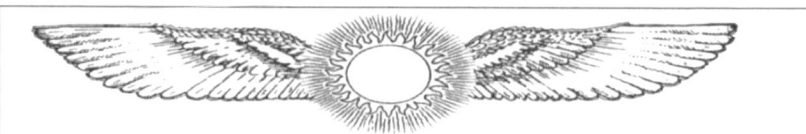

156

Abschlussmeditation
„Ich bin in Gott und Gott ist in mir - Ich bin das Kosmische Kind"

Gehe erneut mit deiner Aufmerksamkeit und deinem Atem in deinen Bauchraum. Atme tief, öffne dein Herz ganz weit und fühle die Unbegrenztheit deines Seins.

Stell dir vor, dass das, was wir göttlich, spirituell oder kosmisch nennen als eine Substanz vor, als feinen goldenen Dunst, der die Luft erfüllt. Stell dir nun vor, dass du diese goldene Substanz einatmest. Fülle dich mit ihr auf. Lass sie durch deinen gesamten Körper strömen.

Atme die Energie des Universums ein.

Atme den Atem des allmächtigen Schöpfers allen Seins. Lass ihn deinen ganzen Körper ausfüllen.
Jedes Mal, wenn du ausatmest, atme all die Dinge aus, die dich daran hindern, dich selbst zu erkennen.

Atme all die Abgetrenntheit, all die Minderwertigkeitsgefühle, das Selbstmitleid, all die Verhaftung an deine physischen oder psychischen Schmerzen aus.

Atme Zorn und Zweifel und Gier und Lust und Verwirrung aus.

Atme Gottes Atem ein und atme all jene Hindernisse aus, die dich davon abhalten, Gott zu erkennen.

Lass den Atem die Verwandlung bewirken.

Nun öffne dein Herz ganz weit. Lass den goldenen Dunst in deinem Herzen sich in eine Lichtperle verwandeln. Dieser Lichtfunke wird allmählich größer, und es ist ein Gefühl als sei die Sonne in dir aufgegangen. Lass aus dieser Lichtperle, die jetzt in der Mitte deines Herzens strahlt die Form deines inneren Kindes entstehen. Achte auf seinen Gleichmut und auf den Glanz, der vom Leuchten seines Lichtes kommt, das im Inneren ist.

Gebrauche dazu deine Vorstellungskraft!

Während du dieses Wesen anschaust, werde dir bewusst, dass es Licht ausstrahlt. Erkenne wie das Licht aus jeder Pore strömt. Erfahre den tiefen Frieden, der von diesem Wesen ausgeht. Fühle, während du auf dieses Wesen schaust, dass es ein Wesen von großer Weisheit ist.
Es sitzt ruhig und still in vollkommener Haltung da. Spüre sein Mitgefühl und seine Liebe. Lass dich von seiner Liebe erfüllen.

Nun lasse dieses kleine Wesen langsam an Größe gewinnen, bis es deinen Körper ausgefüllt hat, so dass sein Kopf gerade den Raum deines Kopfes ausfüllt, sein Körper, seine Arme deine Arme, seine Beine deine Beine ausfüllen, so dass dieses Wesen jetzt in deiner Haut sitzt: Ein Wesen unendlicher Weisheit, ein Wesen des tiefsten Mitgefühls in selbststrahlender Seligkeit, ein Wesen des Lichts und der vollkommenen Ruhe.

Lass dieses sich jetzt in deinem Herz befindliche Wesen wachsen und sich ausdehnen. Erfahre sein Wachstum, bis dein Kopf bis an die Decke reicht und du unten am Boden sitzt und sich all die Wesen, die sich innerhalb dieses Raumes befinden, nun innerhalb deines Körpers sind.
Alle Geräusche, selbst der Klang deiner Stimme, kommen aus deinem Inneren. Spüre deine Weite und deinen Frieden und deine Ruhe.

Fahre fort zu wachsen. Dein Kopf reicht in den Himmel und alles um dich herum ist blau, bis sich deine ganze Umgebung in dir befindet. Schaue nach innen und erfahre den menschlichen Zustand:

Erkenne die Einsamkeit die Freude, die Sorge die Gewalt, die Liebe der Mutter für ihr Kind, die Krankheit, die Angst vor dem Tode. Erkenne dies alles. Erkenne, dass sich all dies in dir selbst befindet. Schaue darauf voller Mitgefühl und Fürsorge. Spüre gleichzeitig voller Gleichmut das Licht, das innerlich und äußerlich durch dein Wesen strömt.

Werde jetzt noch größer. Spüre, wie deine Weite sich so sehr ausdehnt, dass sich dein Kopf zwischen den Planeten befindet und du inmitten dieser Galaxie sitzt und die Erde tief in deinem Bauch liegt. Die gesamte Menschheit befindet sich in dir.

Spüre die Unruhe und das Verlangen. Spüre die Schönheit. Sitze still, groß, friedvoll, mitfühlend, liebend in diesem Universum.

Lass alle Schöpfungen des menschlichen Geistes in dir sein. Schau voller Mitgefühl auf sie.

Fahre fort zu wachsen, bis sich in dir alle Galaxien befinden, bis alles, was du dir vorstellen kannst, in dir ist. Alles ist in dir. Du bist der Einzige. Spüre dein Alleinsein, deine Stille, deinen Frieden. Es gibt hier keine anderen Wesen. Alle Ebenen des Bewusstseins sind in dir.

Du bist das All- Eine.

Alles, was jemals war, oder jemals sein wird, ist ein Teil des Tanzes deines Wesens. Du bist das ganze Univer-sum und deshalb besitzt du unendliche Weisheit. Du anerkennst alle Gefühle im Universum und deshalb besitzt du unendliches Mitgefühl.

Lass jetzt die Grenzen deines Wesens sich langsam auflösen und verschmelzen mit dem, was jenseits der Form ist. Sitze einen Moment lang im Formlosen, jenseits des Mitgefühls, jenseits der Liebe, jenseits von Gott ... Lass alles so sein, wie es ist – Es ist alles vollkommen.

Lasse nun die Form der Umgrenzung deines riesigen Wesens, des Einen, sanft und langsam wieder entstehen. Du bist riesig, du bist still - alles ist in dir.
Aus dieser Perspektive schaust du nun herab auf dich und dein Kind in deinem Herzen mit deiner ganzen Liebe und deinem ganzen Mitgefühl.

Erkenne und fühle dich ein:

Sieh die missliche Lage deines Wesens im Äußeren, seine Ängste, seine Zweifel, seine Haltung der Bedürftigkeit. Erkenne all die Dinge, an denen es haftet, und die es davon abhalten, frei zu sein. Sieh, wie nahe daran es ist, zu erkennen, wer es ist. Schaue ins Innerste deines Wesens auf dieses Kind in deinem Herzen und erkenne die Schönheit in seiner Seele.

Reiche jetzt von deinem riesigen Wesen aus nach unten und lege in deinem Geist, sehr sanft und behutsam, deine Hand auf den Kopf dieses Wesens und gewähre ihm deinen Segen, so dass es sich in diesem Leben völlig erkennen kann. In diesem Moment bist du das, was segnet und das, was gesegnet wird.

Erfahre beides gleichzeitig.

Gott erleuchtet dein Inneres - Dein ganzes Wesen ist Licht!

Werde nun wieder kleiner, bis du dich wieder innerhalb deines Körpers befindest, für den du dich noch am Anfang hieltest. Du bist immer noch Fleisch, das ein strahlendes Wesen umgibt, welches aus der Weisheit jenes riesigen Einen, aus dem Mitgefühl des „Eingestimmt-Seins" in die Wahrheit und aus der Liebe für alle Dinge besteht.

Spüre nun, wie die Liebe und der Frieden aus dir hervorströmen.

Gebrauche das Licht, das jetzt durch dich hindurchströmt, um jene Energie, jenen Segen an alle Wesen überall zu übermitteln. Werde ein Leuchtturm und sende Frieden und Liebe an all jene aus, die leiden müssen.

Denke an all die Menschen, für die du weniger denn Liebe empfunden hast.

Schaue auf ihre Seelen und umgib sie in diesem Moment mit Licht, Liebe und Frieden.

Lass den Zorn und das Urteilen sein.

Sende nun das Licht der Liebe und des Friedens zu jenen Menschen aus, die krank sind, die einsam sind, die Angst haben, die ihren Weg verloren haben. Teile deinen Segen mit anderen, denn nur wenn du gibst, kannst du auch fortfahren zu empfangen. Und du wirst die Erfahrung machen, dass du, egal wie viel du auch gibst, Zehnfaches zurückbekommen wirst.

Dieses, dein inneres Kind in deinem Herzen sein, in deinem spirituellen Herzen, inmitten deiner Brust - strahlend vor Licht, friedvoll, unermesslich mitfühlend.

Dieses Wesen ist Liebe, dieses Wesen ist Weisheit. Dies ist der innere Führer, dies ist das Wesen in deinem Innersten, das immer weiß.
Dies ist das Wesen, das du durch den Gebrauch deiner Intuition triffst, wenn du jenseits deines Verstandes gehst. Dies ist das Wesen, welches den Fluss des Universums verkörpert.

Es ist jene kleine Form des gesamten Universums, das in deinem Innersten existiert. Du brauchst dich zu jeder Zeit nur hinzusetzen und deinen Geist zu beruhigen, und du wirst dieses Wesen hören, das dich nach Hause führt, und du erkennst, dass dieses kosmische Kind, Gott und Selbst eins sind.

„Du selbst bist das Licht, die Kraft

und die Wahrheit deines Seins!

Du bist die goldene Morgensonne in deinem Herzen

Du selbst erleuchtest dein Bewusstsein"

Und so erwacht Gott in deinem Herzen!

Dein Brustraum fühlt sich erstrahlt von innen, voll von klarem goldenen Leuchten.

Es ist ein Gefühl, als sei die Sonne in dir aufgegangen.

Du fühlst dich mit dem All-Einen verschmolzen, eingetaucht in die unendlichen Lichtregionen (*Das Meer des Unbewussten* = *Gott* = *Alles, was ist*) deines schon immer „Da-Seienden" „Göttlichen Selbstes" als sein vollkommenes „Bildwerk" in seinem Raum.

EXKURS-CHAKREN

Basischakra-Wurzelchakra
(Körperlicher Wille zum Sein)

Das Wurzelchakra ist das Zentrum der ursprünglichen Lebenskraft, der grundlegenden Überlebensbedürfnisse des Menschen und der körperlichen Akzeptanz und Sexualkraft.
Urvertrauen, Verbundenheit, sich ins körperliche Leben einzulassen, geben innere Stabilität und Durchsetzungsvermögen.

Lage:

An der Basis des Rumpfes zwischen After und Genitalien, mit dem Steißbein verbunden, öffnet sich nach unten. Es wirkt stabilisierend, erdend.

Körperliche Entsprechung:

Wirbelsäule, Knochen, Zähne, Nägel, Beine, After, Enddarm, Dickdarm, Prostata, Blut.

Stein: Jaspis

Überfunktion:

Der Mensch erscheint materialistisch, betont sinnlich, egoistisch, rücksichtslos und unfähig, zu geben oder zu empfangen.
Gelegentlich leidet er unter chronischer Verstopfung und Übergewicht. Er reagiert gereizt, ärgerlich, wütend und aggressiv, besonders dann, wenn seine Meinung in Frage gestellt wird, und hat Angst vor Verlusten.

Unterfunktion:

Allgemeine Schwäche als Folge ungenügender körperlicher und seelischer Widerstandskraft. Sorgen und Unsicherheit. Manchmal Durchfall bei Belastungen oder Stress. Instabiler Charakter. Das Leben erscheint als Bürde.

Meditation

Konzentriere dich mit deinem Atem auf das Wurzel-Chakra.

Du spürst, *wie* es langsam und stetig zu kreisen beginnt.

Wärme steigt sanft auf. Sie lässt im Inneren ein intensiv-rotes Licht entstehen. Diese pulsierende Energie wird über das Blut in alle Zellen des Körpers getragen.

Nun fühlst und visualisierst du, über den Energiestrom deinen Kontakt zur „Mutter Erde", wie bis in ihr Zentrum unsichtbare Wurzeln reichen, wo sich die Quelle eines intensiven rostroten Lichtes befindet.

Jetzt kannst du, dieses Licht visualisierend, dich einfühlend, diese erdende Kraft von dem Zentrum der Erde einatmen, die dir dann jederzeit zur Verfügung steht.

Sie bildet und erhält deinen Körper. So bleibst du, diese Kraft in deiner Vorstellung in dein Steiß konzentriert, atmend, einige Zeit innig mit der Erde verbunden.

Die lebendige Kraft, die in ihr lebt, pulsiert auch nun in dir. Du fühlst dich so in deiner Vorstellung geborgen im Kreislauf der lebendigen Erde, vertraust du dich nun ganz ihrer schützenden, nährenden und heilenden Energien an.

Affirmation:

Jeder Augenblick des Lebens ist ein neuer Anfangspunkt,
an dem wir das Alte verlassen. Der Augenblick ist genau hier
und genau jetzt ein neuer Anfangspunkt für mich.
Alles ist gut angelegt in meiner Welt.

Sakralchakra-Sexualchakra
(Soziale Entwicklung)

Das Sakral-Chakra regelt die sinnliche Ebene der Sexualität und ist der Bereich unserer ursprünglichen, ungefilterten Emotionen und Gefühle.

Qualität:

Ein harmonisch arbeitendes Sakral-Chakra schenkt uns die Fähigkeit eine innere Verbundenheit mit den befruchtenden und empfangenden Energien in der Natur, schöpferische Kraft und die Fähigkeit, vertrauensvoll mit dem Leben zu fließen.

Lage:

Etwa einen Fingerbreit unter dem Nabel, sich nach vorne öffnend. positive kraft: reinigend, m Fluss bringend, im Zwei-Sein die Einheit erkennen.

Körperliche Entsprechung:

Beckenraum, Fortpflanzungsorgane, Nieren, Blase, alles Flüssige.

Stein: Calcit

Überfunktion:

Sexualität wird zur Droge, der Mensch wird „sexabhängig".

Unmotiviertes Weinen und/oder unkontrollierte Emotionsausbrüche sind Zeichen einer Überfunktion des 2. Chakras.

Unterfunktion:

Mangel an Selbstwertgefühl, Erstarrung der Emotionen und Gefühlskälte sind charakteristisch für eine Unterfunktion dieses Zentrums.

Meditation

Konzentriere dich auf eine Stelle, etwa eine Handbreit unter dem Nabel. Nimm das feine Kreisen wahr dieses Energiezentrum wahr. Wie ein Strudel lebendigen. warmen Wassers fühlt es sich an, wie ein kreisender Tanz der Energie eines intensiv orangenes Licht.

Seine Schwingungen breiten sich aus und durchströmen in immer größeren Kreisen deinen Körper.

Dein Körper wird zu einem einzigen, ständigen Fließen. Und weiter dehnt sich die Energie aus, sie tritt durch die Poren aus und umfließt deinen Körper.

Du spürst mehr und mehr eine tiefe Geborgenheit und du gibst dich dem Streicheln und Wiegen dieses Wassers des Lebens ganz und gar hin.
Immer weiter dehnt sich das Fließen aus, wird zu einem Meer.
Über dir wölbt sich der Himmel und am Horizont geht strahlend, gold-orange die Sonne auf.

Ein tiefes Glücksgefühl durchflutet dich, breitet sich in Wellen über die Schöpfung aus.

Du spürst, dass auch dich dieses Leben durchfließt, dass du mit diesem Strömen mitfließt und du gibst dich vertrauensvoll diesem Fluss des Lebens hin.

Affirmation:

Ich bin ausgeglichen im Strom
meiner schöpferischen Fähigkeiten.
Göttlich-Richtiges geschieht überall in meinem Leben.
Es ist gut, dass ich Freude an der Sinnlichkeit
und mit meinem Körper habe.
Alles ist gut, so wie es ist.

Solar-Plexus-Chakra – Nabelchakra
(Kraft aus emotional erfüllender, vertrauensvoller Erfahrung)

Das Solar-Plexus-Chakra ist Sitz unserer emotionalen Persönlichkeit und der bewussten angstfreien Gestaltung des Lebens, der Einflussnahme und der Macht. Hier werden die vitalen Antriebe und Wünsche der unteren Chakren verarbeitet! und harmonisch sozial in die Gesamtpersönlichkeit integriert. Wärme, Kraft und Fülle, Harmonie mit uns selbst und in unseren Beziehungen erfahren wir, wenn dieses Chakra in der rechten Weise arbeitet

Lage:

Zwei Finger oberhalb des Nabels, öffnet sich nach vorne

Qualität:

Umwandlung von belastenden Mustern und Emotionen, vertrauensvoll das Leben gestaltend.

Körperliche Entsprechung:

Unterer Rücken, Bauchhöhle, Verdauungssystem, Magen, Leber, Milz, Gallenblase, vegetatives Nervensystem

Stein: Pyrit

Überfunktion:

Aggressives Verhalten, Aktivitätsdrang, Ruhelosigkeit, weite Pupillen und eine beschleunigte Herztätigkeit kommen häufig vor.

Unterfunktion:

Atemnot, die sogar asthmaähnlich erscheinen kann, sowie Kraftlosigkeit bis hin zur Apathie.

Meditation

Lenke deine Aufmerksamkeit auf eine Stelle zwei Fingerbreit über dem Nabel Du spürst hier den persönlichen Zustand deiner Kraft Akzeptiere ihn, wie er ist.

Das Akzeptieren entspannt das dritte Chakra mehr und mehr und es beginnt mit einer warmen, goldgelben Energie zu kreisen. Der Glanz nimmt langsam zu, wie der einer aufgehenden Sonne. Bis in die tiefsten Bereiche deiner Seele, dein Innerstes erhellend, leuchtet dieser Glanz und erfüllt dich mit Klarheit und Helligkeit. Emotionale Muster und Belastungen und Verspannungen lösen sich auf.

Vom Zentrum deiner Körpermitte aus durchstrahlt das sonnige Licht dein ganzes Sein, bis nur noch Frieden, Kraft und goldene Fülle in dir wohnen. Es strahlt über deinen Körper hinaus, hüllt dich in einen Kranz vibrierenden Lichts und schickt sein Leuchten hinaus in die Welt.

Dein drittes Chakra wird zu einer Sonne, die im hellsten Glanz erstrahlt, zu einer unerschöpflichen Quelle der lebensspendenden Warme, der Kraft und des Lichtes.

Affirmation:

Ich ehre und akzeptiere mich.
Ich bin in Sicherheit und lasse das Leben
mit Leichtigkeit durch mich fließen.
Ich vertraue dem Prozess des Lebens.
Für alles, was ich brauche, ist immer gesorgt.

Herzchakra
(Seins-Hingabe, allumfassende Liebe)

Das Herzchakra ist das Zentrum der Zuneigung Hingabe und Heilung. Befindet es sich im Zustand der Ausgeglichenheit, öffnet sich unsere Wahrnehmung für die Schönheit und Harmonie der Natur und der Kunst Es verleiht uns eine tiefe Lebensfreude, Mitgefühl und eine Liebe, die frei ist von Bedingungen.

Lage:

In der Mitte der Brust, über dem Brustbein, öffnet sich nach vorne

Qualität: In überpersönlicher Liebe verbindend.

Körperliche Entsprechung:

Oberer Rücken, Herz, Brustkorb und Brusthöhle, Lunge, Blut, Kreislaufsystem, Haut, Hände

Stein: Aventurin

Unterfunktion:

Bei diesem Chakra scheinen nur Symptome der Unterfunktion vorhanden. Krankheiten bzw. gesundheitliche Störungen, die mit einer Überfunktion korrelieren, scheint es nicht zu geben.

Unterfunktion:

Häufig Sauerstoffmangel, Störungen im kleinen Kreislauf (Herz-Lungen), was einen normalen Gasaustausch zwischen Sauerstoff und Kohlendioxyd im Organismus beeinträchtigt. Ängstlichkeit und Schwäche. Physischer Energieverlust.

Meditation

Nimm den Bereich des Herzchakras wahr. Es beginnt mit einer sanften Energie zu schwingen. Die Sanftheit seiner Vibration lässt einen rosafarbenen Glanz entgehen mit einem Rand aus leuchtendem Grün Wie eine zarte Blüte an.
Licht fühlt sie sich an, die eingebettet ist, in einen grünen Blatterkranz Ihre Strahlung hüllt dich in eine Schwingung von Liebe und Harmonie.

Du fühlst dich wie von sanften Engelshänden gefragt und in deinem innersten Sehnen nach Liebe verstanden.

Du spürst nun, wie aus der Mitte deines Herzens eine tiefe Freude aufsteigt, ein Lächeln, ein inneres Glück.

Es ist, als ertöne von hier eine wundervolle Musik Ihre Schwingung breitet sich in deinem ganzen Körper und weit darüber hin aus.

Von überall tont dir wie eine Antwort Musik zurück und vereinigt sich mit deiner Melodie zu einer vollkommenen Symphonie.

Sie öffnet ein Tor zu einer anderen Sphäre. Du erlebst eine Wellenschwingung der göttlichen Liebe und der Freude die ganze Schöpfung durchzieht.

Affirmation:

Ich bringe Freude zurück in die Mitte meines Herzens. Liebevoll
lasse ich Freude durch Herz und Sinn,
Leib und Erleben fließen.
Ich beschließe immer mehr im freudvollen „Jetzt",
im Augenblick zu leben.

Hals-Kehl-Chakra
(Zugang zu den medialen Ebenen des Seins)

Im Hals-Chakra befindet sich das Zentrum der Kommunikation und des kreativen Selbstausdruckes, der Selbstbestimmung und der Unabhängigkeit. Hier öffnen wir uns für feinstoffliche Qualitäten, können Botschaften der inneren Stimme und geistige Inspiration empfangen und in Kontakt zu unserer Seele treten.

Lage:

Zwischen Halsgrube und Kehlkopf, vorne am Hals, öffnet sich nach vorne.

Qualität: Offen kommunizierend, verbindend

Körperliche Entsprechung:

Kehlkopf, Stimmbänder, Luftröhre, Bronchien, Nacken, Unterkiefer, Speise-röhre, Atmen, Sprechen, Schlucken, den Kopf nach allen Richtungen wenden können.

Stein: Sodalith

Überfunktion:

Ein sinnloser Redeschwall ist für diese Situation charakteristisch.

Unterfunktion:

Allgemeine Schwäche und Ermüdung. Kommunikationsarmut und unklare Selbstdarstellung. Auch der sogenannte „Kloß im Hals" ist nicht selten.

Meditation

Konzentriere dich auf dein Hals-Chakra, das seinen Sitz vorne am Halsansatz/Kehlkopf hat.

Du spürst, wie es in einer unendlich feinen Energie zu schwingen beginnt. Die Feinheit lässt in seinem Inneren ein transparentes strahlendes hellblaues Licht entstehen. Es ist die Schwingung der blauen Weite des Himmels, die hier in dir wohnt.

Du lässt es nun zu, dass sich diese leuchtend-klare Schwingung in dir ausbreitet, bis dein ganzes Sein erfüllt ist Immer weiter und lichter wird das Leben in dir, frei und unbegrenzt, wie das Himmels-gewölbe.

Du gibst allem Raum, was in der inneren und äußeren Weh existiert, ebenso wie der unendliche Himmel das Leben aller Sterne, Planeten und Sonnen zulässt.

Alles darf sein, wie es ist und darf kommen und gehen. In dieser Freiheit und Weite des Bewusstseins bist du heil und ganz. Ein helles Glücksgefühl schwingt durch den weiten Himmelsraum in dir.

Affirmation:

Ich bin frei, um das zu bekommen, und zu dem zu stehen,
was ich mir wert bin. Ich bin in Frieden mit mir.
Es gibt für mich unendlich viele Möglichkeiten
etwas zu sehen und zu tun.
Ich selbst bin die Erfüllung all meiner Wünsche.

Stirn-Chakra, Drittes Auge (Erkenntnis des Seins)

Im Stirn-Chakra finden wir die Erkenntnisfunktionen. Es ist der Sitz des Verstandes sowie der Projektion des Willens. Geöffnet und in harmonischer Funktion vermittelt es uns die Fähigkeit zur Intuition, der Wahrnehmung unserer inneren Stimme und dem bildhaften Ausdruck unserer Gedanken und Erkenntnisse.

Lage:

Einen Fingerbreit über der Nasenwurzel, in der Mitte der Stirn, ca. zwei Fingerbreit hinter der Stirn, öffnet sich nach vorne

Qualität: Lebenssituationen sinnhaft durchblickend und erkennend.

Körperliche Entsprechung:

Nase, Nebenhöhlen, Gesicht, Stirn, Ohren, Hellsichtige Sinnesfunktionen, Sehen, Hören.

Stein: Bergkristall

Überfunktion:

Das häufigste Symptom ist der Kopfschmerz bis hin zur Migräne (bei langanhaltenden Kopfschmerzen fachkundigen Rat einholen!).

Unterfunktion:

Das Leben wird von materiellen Wünschen und körperlichen Bedürfnissen bestimmt. Vergesslichkeit, Sehstörungen und unklare Gedanken, sogar Verwirrung.

Meditation

Lass deine Aufmerksamkeit zum Stirn-Chakra wandern. Du bemerkst, wie es langsam zu kreisen beginnt.

Aus seiner Stille entsteht ein blauviolettes Licht. Es ist das Licht einer klarblauen Nacht mit ihrer verborgenen Unendlichkeit des Raumes.

Gehe nun in dieses Licht hinein und lasse dein Bewusstsein von diesem Glanz durchdringen. Dieses Licht macht dich ruhig, empfänglich und weit.

Tiefer und tiefer gehst du in die blaue Stille hinein. Immer stiller wird es in dir.

Deine Gedanken bleiben zurück.

Dein Bewusstsein füllt sich mit dem ruhigen Strahlen des stillen blauen Lichtes Auf dieser hohen Ebene des Seins bist du eng mit dem Geist Gottes, dem Allumfassenden verbunden, der in dir und in der ganzen Schöpfung wirkt. Hier öffnest du dich für das Wissen, das jenseits des beschränkten Verstandes wohnt.

Affirmation:

Ich sehe und höre mit Liebe und Freude.
Ich freue mich auf jeden neuen Augenblick.
Ich erlaube der Liebe in meinem Herzen,
alles zu heilen, was ich sehe.
Ich erkenne mein eigenes „Göttlich – Sein"

Scheitelchakra
(Reines Sein „ICH BIN" - Alles was ist-)

Das Kronen-Chakra verbindet uns mit dem universellen Sein, mit unserem hohen Selbst oder Gott. Einheitsbewusstsein und höchste Vollendung sind die Gaben eines geöffneten Scheitelchakras.

Lage:

In der Mitte oben auf dem Kopf, an der Fontanelle, öffnet sich nach oben.

Qualität:

Es wirkt transzendierend, die Grenzen zwischen Körperlichkeit und Geistigkeit werden durchlässig

Körperliche Entsprechung: Großhirn, Schädel, Bewusstsein, Wachsein.

Stein: Amethyst

Keine deutlichen Symptome finden, die für eine Uber- bzw. Unterfunktion dieses Zentrums sprechen.

Meditation

Richte deine Achtsamkeit auf das Kronen-Chakra. Es erscheint wie eine weiße strahlende Lotosblüte, die sich langsam öffnet und aus der Mitte heraus ein helles lilafarbenes Licht erstrahlt. Es ist, als ob du eine heilige Stätte betrittst, einen Tempel lilafarbenen Lichtes, der nach oben geöffnet ist. Und in diese Öffnung ergießt sich ein neues strahlend weißes Licht, das gleichmäßig alle Farben in sich einschließt. Wie eine Dusche regnet es seinen Segen auf dich herab. Jede Pore deines Seins öffnet sich, nimmt es auf, bis es dich ganz erfüllt. Es ist ein Licht außerhalb von Zeit und Raum. Du erkennst, dass es von Anbeginn in dir und in der ganzen Schöpfung leuchtet. In diesem vollkommenen Licht bist du eins mit Gott. Allezeit mit Ihm, allezeit in Seiner Liebe. Immer, auch wenn es auch noch so anders schien, warst du in diesem Licht Seiner Liebe.
Ruhe in diesem Licht ohne Wünschen und Wollen Hier bist du am Ziel deiner Reise in seine All-Verbundenheit.

Affirmation: *Ich bin dein „Ich Bin" allezeit,*
Vater, Dein Wille geschehe!
Ich bin in Seinem Licht. Gott liebt mich.

Axel Englert
Pädagogischer Psychologe

Geboren in Aschaffenburg - 1956
Studium der pädagogischen Psychologie/ Heilkundliche Psychotherapie (HPG)

Nach vielen Jahren Managementtätigkeit in der Industrie erfolgte die Hinwendung zur archetypischen Psychologie von C.G. Jung & Psychosynthese von Assagioli.

Auf dieser Ausbildung aufbauend, selbständige Tätigkeit als Trainer für Supervision, Verhaltens- und Konfliktmanagement, Teamfindungsseminare, Mentaltraining, sowie Persönlichkeits- und Zielfindungsseminare.

Nach einer Ausbildung zum psychologischen Berater mit Praktikumserfahrung in einer psychiatrischen Klinik und als HUNA- Lehrer war der nächste Schritt die Führung einer ganzheitlichen supportiv- direktiv ausgerichteten Lebensberatungspraxis nach der Archetypenlehre und Psychologie von C.G. Jung, ergänzt mit Gesprächsführung nach Rogers.

Unterstützt wird diese Praxis durch Studium und Anwendung der psychologischen-astrologischen Beratung auf der Basis der Huber- Koch- Schule.

Daneben Führung und Anleitung vieler Meditationsgruppen über Atemarbeit und über die Symbol und Bilderwelt – Interpretation des „Katathymen Bilderlebens nach H.C. Leuner ".

Ausbildungen in der systemischen Therapie werden heute an vielen Städten in Deutschland in ganzheitlich orientierten Familien und Organisationsaufstellungen erfolgreich umgesetzt.

Mit diesem Büchlein möchte der Autor auf heilende und lebensverändernde Kraft der inneren archetypischen Bilder und Symboliken hinweisen, die erst einmal freigesetzt, große psychische Energien in zu verändernde oder transformierende Lebenssitua-tionen fließen lassen.

All die aufgeführten Übungen, in deren Mittelpunkt immer das Gesetz der Resonanz (Wie innen, so außen!) steht, sind in vielen Seminaren und Meditationen erfolgreich erprobt und umgesetzt. Daneben soll diese Schrift beim nachdenklichen Lesen Menschen helfen deinem Leben eine andere Sichtweise hin zu mehr Spiritualität zu geben und einseitige Denkmuster mit belastenden Emotionen zu relativieren.

Weitere Seminare:

- Geburtsdatenanalyse nach einer selbst weiter entwickelter pentalogischer Enneagrammethode in Verknüpfung mit psychologischer Astrologie.
- Tarotseminare
- Engelsseminare/ Arbeiten mit den vier wichtigsten Schutzengeln
- Aufgestiegene Meisterseminare und deren Kraftmeditationen
- Das Gespräch, Kontaktaufnahme mit der Seele, dem Hohen Selbst in uns
- Reeinkarnationsseminare
- Ausbildungen zum „Transpersonalen Gesprächstherapeut".

Literaturverzeichnis

- Fierz, Markus: Naturwissenschaft und Geschichte, Basel 1988

- Jung, Carl G. und Pauli: Wolfgang: Naturerklärung und Psyche

- Jung,Carl G.:
  Archetypen 2. Synchronizität ,Akausalität und Okkultismus, dtv

- Jung,Carl G.: Grundwerk in sieben Bänden, Walther Verlag 1991

- Kristeller, Paul O.:Die Philosophie des Marsilio Ficino,
  Frankfurt /M. 1972

- Müller,Lutz: Magie- Tiefenpsychologischer Zugang zu den
  Geheimwissenschaften, Stuttgart 1989

- Kyballion , Akasha Verlagsgesellschaft München 1981
  Hermes Trismegisti „Erkenntnis der Natur..."
  Akasha Verlagsgesellschaft

- H.C. Leuner, Lehrbuch Katathymes Bilderleben, H. Huber Verlag

- Neale Donald Walsch: Ganzheitlich leben
- Neale Donald Walsch: Rechtes Leben und Fülle

- Hermann Meyer: Die Gesetze des Schicksals * Sphinx Verlag

- Dahlke Rüdiger: Der Mensch und die Welt sind eins* Kailash

- Dyer Wayne: Wirkliche Wunder* Rowohlt

- Egli Rene: Das Lola – Prinzip* Edition D`olt

- Alexander Roob „ Alchimie und Mystik" – Taschen Verlag